DEMAIN,
NOTRE SANTÉ

DU MÊME AUTEUR

Journal, janvier-juin 2020, Flammarion, 2023.

Agnès Buzyn

DEMAIN, NOTRE SANTÉ

PLON
www.plon.fr

Ouvrage publié sous la direction éditoriale de Fabrice d'Almeida

92, avenue de France
75013 Paris
Tél. : 01 45 87 50 01
www.plon.fr
www.lisez.com

Mise en pages : Nord Compo
Dépôt légal : novembre 2025
ISBN : 978-2-259-32429-8

Introduction

Y a-t-il pire angoisse qu'être malade et ne pas trouver de médecin ? D'avoir besoin d'un traitement en rupture de stock ? De devoir régler une mutuelle ou un dépassement d'honoraires alors qu'on ne peut y faire face ?

C'est aujourd'hui le quotidien de milliers de Français, et, quelles que soient les politiques menées, la situation peine à s'améliorer. Pour autant, ceux qui passent par nos hôpitaux continuent de juger que le service rendu est à la hauteur. Admettre cela n'exclut évidemment pas de reconnaître les limites du système tels l'existence d'erreurs médicales, les difficultés d'accès aux rendez-vous ou le fait que des personnes âgées sont laissées sur des brancards. Mais il convient d'observer que, même si les locaux ne sont pas à la hauteur de la qualité des soins reçus, que les soignants paraissent débordés, que l'attente aux urgences est réelle, la compétence est là et la prévenance des personnels aussi. De même, dans les cabinets privés libéraux, le système assurantiel français permet à la grande majorité de la population d'accéder à des professionnels qualifiés et soucieux de bien faire leur métier. Il y a donc lieu de préserver ce que ce système de santé a permis de formidable en France grâce à la Sécurité sociale, qui fête ses 80 ans en 2025, et de faire en sorte que les conditions de travail des soignants s'améliorent dans les années qui viennent, au bénéfice de tous. Plus globalement, si nombre de nos concitoyens s'offusquent à juste titre des inégalités d'accès aux soins, du manque de culture de prévention dans notre pays ou des pénuries de médicaments, pour ne citer que les thématiques les plus fréquemment médiatisées, des réponses à ces difficultés bien réelles existent.

Parler de la santé des Français, des maladies, des traitements ne peut être déconnecté du système de santé dans lequel nous vivons. Rester en bonne santé repose sur un système efficace, qui la préserve d'abord, qui soigne vite et bien ensuite, et auquel on accède sans difficulté. Parler de la santé, c'est avant tout construire un système de santé qui répond aux besoins de la population.

Alors, pourrons-nous encore bénéficier du système le plus protecteur au monde, celui qui faisait notre fierté ? Comment le préserver ? Comment l'améliorer ? Comment le transformer ?

Toutes ces questions hantent les décideurs publics depuis des années et chacun à son niveau a tenté un jour d'y apporter une solution. Si la situation devait s'améliorer d'ici quelques années en raison de la hausse de la démographie médicale et de l'arrivée d'outils comme l'IA, ou grâce à une évolution des organisations sur les territoires, il reste des questions majeures non encore résolues, comme l'évolution des compétences de chaque profession et leur formation ; les changements nécessaires des organisations entre professionnels, entre secteur public et privé, entre la ville et l'hôpital, et les modes de rémunération afférents ; la place des complémentaires dans les remboursements ; l'évaluation indispensable de la qualité des soins reçus ; l'accompagnement des innovations et leur accès pour tous ; et pour finir, une interrogation majeure : quel est l'effort que la nation consent pour financer l'Assurance maladie et le système de santé dans son ensemble ?

Plutôt que de laisser ces débats et la recherche de solutions aux mains des experts ou des administrations, des ministres ou des économistes, j'ai eu envie de partager l'analyse de ce que nous vivons, les évolutions attendues du système de santé et les transformations qu'il nous reste à mener, en luttant contre nombre d'idées reçues. Mon objectif est qu'à l'issue de la lecture de cet ouvrage notre compréhension commune des problèmes facilite la conception de solutions efficaces, qui nous permettent de construire le système de santé du XXIe siècle.

1
L'hôpital, un bien commun

S'il existe un endroit qui représente un refuge et une valeur sûre, c'est bien l'hôpital public. Peu de lieux en France me semblent aussi polyvalents. Du milliardaire au SDF, l'hôpital remplit sa mission – recevoir et soigner sans regarder au-delà – et les comparaisons internationales ne doivent pas nous faire rougir, même si l'hôpital s'est appauvri depuis les années 1990 (comme l'ensemble de notre pays…). Il n'y est jamais question de portefeuille, de religion ou de couleur de peau. L'hiver, il permet à des familles sans abri de venir se réchauffer dans les couloirs. Le dévouement des soignants est même profondément émouvant. Mais au prix de quel engagement ! Car, il faut bien l'avouer, les attentes du public sont importantes quand il s'agit de la santé, et il est interdit de faillir…

Si, comme tout le secteur de la santé, l'hôpital doit évidemment rendre un service au public, il a cependant des spécificités qu'il faut prendre en compte pour être à la hauteur des attentes. On lit régulièrement dans la presse que les difficultés de l'hôpital et la fermeture de certains services viendraient d'un problème d'argent et d'un manque de volonté politique ; que les politiques au pouvoir abandonneraient volontairement le service public hospitalier afin de privilégier le secteur privé, pour des raisons idéologiques. C'est malheureusement beaucoup trop facile, très démagogique et, surtout, très faux.

Les urgences, un symptôme

Quand je pense « urgences », de nombreuses images se télescopent dans ma tête. Outre une série américaine des années 2000 non dénuée de charme s'y mêlent des souvenirs datant de mes études de médecine, lorsque j'étais de garde comme externe à la Pitié-Salpêtrière puis comme interne à Bichat ou ailleurs, avec leur lot d'histoires tristes, tragi-comiques ou violentes, selon les jours, les cas et les hôpitaux. Ma première garde en tant qu'étudiante m'a mise face à un jeune qu'on amputait d'une jambe après un accident de moto ; je n'oublierai jamais le moment où je suis entrée dans sa chambre à son réveil. Il y a eu aussi cette femme, tout élégante dans sa tenue moulante, dont la taille était soulignée par une grosse ceinture dorée, qui s'est présentée aux urgences pour des douleurs abdominales et qui, au beau milieu de mon examen clinique, s'est mise à accoucher... à sa plus grande surprise et à la mienne ! Il y a aussi le souvenir d'une rixe à Bichat entre deux bandes rivales du 93, moi, assez frêle du haut de mes 25 ans, devant séparer des hommes bien éméchés se battant au couteau dans les couloirs, aidée d'une infirmière et d'un agent de sécurité. Il m'avait fallu une autorité dont je n'imaginais pas pouvoir faire preuve... Une fois achevés leurs points de suture, ils m'ont tous gentiment dit « Merci, toubib » avec un grand sourire, avant de se friter de nouveau à la sortie de l'hôpital...

J'en ai retenu que les soignants ne sont pas là pour faire la morale ou la police. Ils ont une mission : soulager.

Toutes ces histoires profondément humaines constituent en réalité le miroir grossissant de notre société, et la résilience des personnels des urgences est incroyable quand on sait ce qu'ils endossent, comme charge de travail et charge émotionnelle.

Mon dernier passage aux urgences remonte à un soir de 2016, pour un membre de ma famille qui s'était fait une luxation de l'épaule en chutant dans l'escalier du métro. J'avais constaté ce soir-là que l'entrée des urgences de la Pitié Salpêtrière s'était singulièrement transformée en trente ans. On dit souvent que les urgences ressemblent à la cour des Miracles, et elles ne semblaient pas déroger à la règle. Les lieux étaient plongés dans la pénombre, beaucoup de gens se tenaient allongés derrière les portes menant aux box d'examens, assis sur les rangées de sièges, voire debout. Pour un grand nombre d'entre eux, il était impossible de savoir s'ils accompagnaient quelqu'un ou s'ils étaient eux-mêmes malades, mais leur visage traduisait leur inquiétude ou leur douleur. Le personnel en blanc s'affairait, appelait des noms ou calmait les impatiences. J'avais été troublée par l'affluence dans ce service, qui m'avait semblé grand à l'époque où j'y travaillais, en 1985, et qui paraissait ce soir-là incroyablement exigu et bondé.

De fait, le nombre de passages aux urgences a doublé en vingt ans et a atteint plus de 20 millions en 2023, même si l'on assiste désormais plutôt à une diminution. Plus de 600 établissements accueillent des malades dans des structures d'urgence, dont près de 80 % sont situées dans le secteur public. Décès évitables ou erreurs médicales sont régulièrement pointés du doigt dans la rubrique faits divers, bien que certains évoquent plutôt des dysfonctionnements institutionnels. Néanmoins, à la décharge de ceux qui y travaillent, il convient de rappeler qu'il s'y passe également des miracles.

Mais posons-nous la question : pourquoi ce secteur de l'hôpital concentre-t-il tant de difficultés ? Et que faire pour y remédier ?

Les urgences sont souvent la porte d'entrée de l'hôpital, que ce soit pour un problème aigu de santé ou une maladie chronique qui se complique. Elles concentrent donc les difficultés du secteur de santé libéral, qui peine à recevoir tous les patients faute de professionnels accessibles, et les difficultés de l'hospitalisation, qui peine à prendre en charge tous les patients faute d'un nombre suffisant de lits. La réalité en France est moins manichéenne que ce que disent les reportages très à charge sur les urgences, certains services fonctionnant de façon remarquablement fluide et d'autres étant en permanence sources de dysfonctionnements. Cela relève souvent de la qualité du management et de l'organisation interne des urgences et de l'hôpital. On peut noter, par exemple, l'intérêt d'outils qui ont fait leurs preuves comme disposer d'un service de gestion des lits ou la mise en place d'une entrée directe des personnes âgées en gériatrie, sans passer par les urgences.

En 2019, en tant que ministre, j'ai eu à affronter une grève massive des urgences, qui avait démarré dans un établissement parisien où le personnel d'accueil avait été violemment pris à partie par une famille. La revendication était comme toujours plus de moyens et plus de soignants pour absorber la demande, sans que le fonctionnement global ne soit remis en question. Cette grève traduisait le ras-le-bol généralisé face à une charge de travail qui ne cessait de croître et des recrutements qui tardaient à arriver. En effet, la spécialité « urgentiste » à l'internat venait d'être créée par la ministre qui m'avait précédée, les généralistes qui exerçaient aux urgences se retiraient petit à petit du système et les nouveaux médecins urgentistes (200 par an) n'étaient pas encore en quantité suffisante. En allant à l'époque visiter de nombreux services, j'avais aussi réalisé que l'étroitesse flagrante des locaux rendait l'accès et les flux de patients très difficiles et anxiogènes, la plupart des hôpitaux datant des années 1970-1980 et ne disposant pas forcément de terrain à bâtir pour adapter les lieux au nombre de passages, qui avait doublé. J'avais donc mis en place une feuille de route dédiée (le Pacte de refondation des urgences), qui traitait à la fois de l'amont (secteur libéral), des urgences (de leur réfection et de primes aux personnels) et de l'aval (accueil à l'hôpital, notamment pour les personnes âgées). J'en ai profité pour modifier la tarification de ce service qui favorisait alors financièrement les hôpitaux ayant tendance à garder les malades la nuit, au lieu de les transférer dans les services *ad hoc* ! La feuille de route visait également à éviter tous les passages non nécessaires aux urgences[1], évalués à l'époque autour de 20 à 30 %. C'est dans ce but que j'ai créé le SAS, ou service d'accès aux soins, qui permet de régler, par un appel téléphonique précédant le déplacement, un certain nombre de problèmes qui peuvent soit attendre soit bénéficier d'une prise en charge dans une autre structure. Aujourd'hui, ce système semble se déployer avec des effets bénéfiques manifestes, puisque les départements l'ayant mis en place (avec l'aide des médecins libéraux qui participent à la régulation) ont pu observer une diminution des passages de l'ordre de 15 %, ce qui allège manifestement la pression sur les structures et les personnels. D'ailleurs, le ministère de la Santé a publié qu'en 2023 le nombre total de passages aux urgences avait diminué de 3,4 % par rapport à 2022.

Les urgences sont donc un lieu de soin unique en son genre, qu'il convient de préserver et qui ne doit pas servir à compenser sur le long terme les difficultés d'accès aux soins. Bien au contraire, il faut qu'elles parviennent à se recentrer sur l'excellence de leur prise en charge, et la transformation du système de santé doit y participer. Leur situation est l'expression des difficultés rencontrées de nos jours par l'hôpital.

L'hôpital n'est pas un service public comme un autre

L'hôpital a des contraintes qu'aucun autre service public ne rencontre et l'argent qu'on y investit, bien que nécessaire, ne suffit pas à changer les paramètres de l'équation. Il a besoin pour fonctionner de ressources humaines qui ne se trouvent pas « sous les sabots d'un cheval », selon l'expression désuète consacrée. Pour cette raison, il ne peut plus être considéré comme une porte d'entrée du système de santé ni même comme un service public devant se maintenir coûte que coûte partout, car sa viabilité n'est malheureusement pas qu'une question financière, loin de là.

Plusieurs facteurs expliquent que les hôpitaux publics fassent l'objet d'une réorganisation en profondeur, malgré certaines réticences compréhensibles.

D'abord, si l'aménagement du territoire est une préoccupation permanente des décideurs, les hôpitaux publics font moins facilement l'objet d'une politique de maillage territorial que la fibre optique, les collèges ou les transports en commun. Le coût inhérent aux contraintes techniques pour la construction d'un hôpital est, par exemple, environ dix fois celui d'un collège ou d'un lycée. Ensuite, les ressources humaines et les compétences de haut niveau requises pour son fonctionnement optimal, 24 heures sur 24, 7 jours sur 7, sont sans aucune commune mesure avec les autres services publics. Il ne s'agit pas là d'un simple gardiennage nocturne. Et nous souffrons déjà d'une pénurie de soignants. Enfin, investir de l'argent pour construire un hôpital (ou ouvrir des lits) n'a aucun sens s'il n'y a pas de professionnels pour le faire fonctionner.

Surtout, au-delà de la légitime revendication de l'accès aux soins, l'État se doit de garantir à tous les citoyens la sécurité et la qualité des soins sur l'ensemble du territoire. En l'absence de spécialistes, il est illusoire de maintenir certaines activités à risque élevé, comme la réanimation, les maternités ou la cancérologie. Et c'est surtout en raison de ces critères que nous ne pouvons conserver en l'état la totalité des hôpitaux. Sans compter que la démographie évolue, certains de nos territoires se vidant (diagonale du centre de la France) et d'autres s'enrichissant de nouveaux habitants (régions côtières). Ainsi, la cartographie du maillage hospitalier doit elle aussi s'adapter. Il est vrai que des structures peuvent être amenées à fermer dans certains bassins de vie, mais il convient de rappeler que d'autres ouvrent dans des zones démographiquement plus dynamiques. Continuer à assener que chacun devrait avoir le droit d'accéder à des urgences ou à accoucher à moins de trente minutes de chez lui pose de nombreux problèmes que l'argent ne résout pas. C'est un discours qui fait fi de la réalité du nombre de soignants dans notre pays (et au-delà, dans le monde entier) et de la capacité à maintenir ces activités en toute sécurité. Et si cela peut s'afficher comme un objectif à terme, il est inatteignable avant dix ou quinze ans, le temps que le nombre de professionnels nécessaires pour les faire fonctionner soit suffisant.

Enfin, et surtout, maintenir un exercice très spécialisé sur un territoire peu peuplé expose les praticiens présents à travailler insuffisamment et donc à perdre en compétence, risque unanimement reconnu quand on s'intéresse à la sécurité d'une activité humaine. De même que l'on préfère un pilote de ligne qui a de nombreuses heures de vol, il vaut mieux pour les patients un chirurgien qui opère souvent ou un obstétricien qui fait plusieurs accouchements par jour plutôt que quelques-uns par semaine. La mortalité néonatale qui réaugmente dans notre pays est parfois utilisée comme argument pour ne pas fermer des maternités de proximité. En réalité, des travaux de l'Académie de médecine, comme de nombreuses études internationales, démontrent, au contraire, que ce sont les petites maternités qui sont dangereuses et qui exposent les mères et les nouveau-nés à un maximum de complications[2]. De même, qui, en cas de souffrance cardiaque révélant un risque d'infarctus, voudrait d'un « stent » posé par un médecin intérimaire, exerçant à temps partiel, avec un matériel dont il n'a pas l'habitude et qui n'en place qu'un par semaine ? *A priori*, soyons honnêtes, aucun d'entre nous. Nous préférons tous être pris en charge par un spécialiste reconnu, qui a une longue file active de patients satisfaits et pourra nous revoir en cas de complication, quitte à faire une heure de voiture. À l'évidence, les pouvoirs publics ont le devoir d'assurer à chacun les meilleures chances de survie et cela passe, parfois, par des fermetures de services qui ne sont pas au niveau requis et vivent d'intérimaires qui se succèdent ou de personnels qui n'exercent pas suffisamment pour conserver leur savoir-faire.

Lors d'un Conseil des ministres européen, en 2018, alors que j'affrontais une fronde de nombreux maires de petites communes rurales désireux de garder leur maternité qui devait fermer, fronde qui faisait la une des journaux, je m'étais rapprochée de mes homologues scandinaves pour connaître la façon de faire dans ces pays peu peuplés et très étendus géographiquement. À l'époque, je m'étais engagée pour que personne n'ait à faire plus d'une heure de route pour aller accoucher. En réalité, même dans notre pays, que ce soit en Corse ou dans des départements d'outre-mer, les distances pour se rendre dans une maternité peuvent être bien supérieures à celles sur le continent, ce qui jusqu'à présent n'a pas ému grand monde. Lors de nos échanges, la ministre suédoise, qui vivait le même débat qu'en France, s'était amusée de la polémique, car, dans son pays, le temps de trajet moyen vers une maternité était plutôt de l'ordre de cinq heures… De fait, de nombreux pays très vastes, comme l'Australie, le Canada ou les pays scandinaves, ne se fixent pas de telles obligations intenables de distance ou de délai d'accès et ont compris depuis longtemps qu'une activité minimale est nécessaire pour que les professionnels soient compétents. Ces pays ont donc favorisé, en cas d'urgence, les transports rapides, de type hélicoptères, la téléconsultation pour évaluer les patients, la présence de sages-femmes ou d'infirmiers de pratiques avancées dans les communes éloignées plutôt que des structures hospitalières à moitié vides et éparpillées, manquant de soignants. Il nous faut nous inspirer de ce qui fonctionne ailleurs.

Pour pallier ces difficultés, la loi santé de 2019 avait déjà acté une gradation de l'offre hospitalière existante, en transformant les plus petits établissements en « hôpitaux de proximité » à mission resserrée, et en assumant de réserver les activités plus spécialisées, de deuxième ou troisième recours, aux hôpitaux généraux et aux CHU. Mais le Covid-19 et les changements fréquents de ministres depuis 2020, qui n'ont pas forcément en mémoire ou comme priorité d'appliquer le plan de leur prédécesseur, ainsi que les réticences de certains élus concernés par les hôpitaux de proximité, ont considérablement freiné sa mise en œuvre, en dépit des bénéfices attendus. Ainsi, inscrits dans la loi, les hôpitaux de proximité ont pour mission de faire une médecine dite « de premier recours » – c'est-à-dire celle dont on a besoin au jour le jour, notamment assurée par les généralistes ou les gériatres (en lien avec les généralistes libéraux, qui peuvent prendre en charge leurs propres patients) –, d'avoir un plateau technique simple de radiologie et de biologie pour un exercice du quotidien, et de pouvoir assurer des consultations spécialisées avec des professionnels d'hôpitaux généraux qui viennent, une fois par semaine par exemple, ouvrir une consultation de cardiologie, de chirurgie ou de dermatologie. L'idée étant d'assurer à la fois proximité et qualité. Ils bénéficient d'une tarification distincte sur une base forfaitaire, en fonction de leur situation géographique, pour les affranchir de la fameuse tarification à l'activité (la T2A), qui n'a aucun sens au vu de leurs missions.

Ouvrir ou fermer des lits, l'éternelle polémique

Mes années en hématologie clinique à Necker-Enfants malades m'ont marquée. Chef de clinique puis praticien hospitalier, spécialiste des leucémies et des greffes de moelle, je passais une à deux heures par jour avec la surveillante de ma salle, Valérie (elle se reconnaîtra...), à l'accueil du service, souvent en fin de journée, à essayer de trouver des lits pour les patients développant des complications ou en rechute de leur maladie. J'ai même le souvenir d'une nuit de garde où j'ai appelé tous les services de Paris sans trouver un seul lit disponible et d'avoir dû envoyer le patient aux urgences les plus proches de chez lui. Il est malheureusement décédé pendant le transfert dans mon service, un ou deux jours plus tard, en raison du retard qu'avait pris son traitement. Je m'en suis voulu pendant des années, même si cette situation était courante en hématologie et en cancérologie, à l'époque.

Pendant ce temps-là, la Cour des comptes alertait le ministère sur le fait que notre hôpital public était pléthorique et qu'il convenait de fermer des lits d'hospitalisation conventionnelle pour se rapprocher quantitativement de nos homologues européens. C'était peut-être raisonnable, mais cela dépendait en réalité grandement des spécialités : le nombre de cancers augmentant, il fallait plus de lits ; les prises en charge devenant moins lourdes en chirurgie, il fallait moins de lits. Mais les chefs de service mesuraient alors leur pouvoir au nombre de lits dont ils avaient la charge et, pour les directions hospitalières, négocier un rééquilibrage n'était donc pas une mince affaire. Pour couronner le tout, la tarification à l'activité favorisait les services dont les lits étaient occupés. Tout cela n'a pas beaucoup aidé à mettre en adéquation l'offre et la demande dans les années 2000…

Ensuite, avec l'arrivée du Covid-19, le balancier médiatique est reparti dans l'autre sens, nombre de commentateurs jugeant que nous n'avions pas assez de lits disponibles, même si le débat aurait plutôt dû porter sur la date de confinement. Plus précoce, elle nous aurait évité un nombre de patients graves trop important[3]…

La question reste donc d'actualité. Face à la transition démographique et épidémiologique que nous observons, quelle devrait être la taille de notre hospitalisation publique en matière de nombre de lits accessibles ?

Puisque ce nombre fait l'objet de polémiques régulières, quelques chiffres pour replacer la France dans le contexte international. En 2023, la moyenne des pays de l'OCDE était de 43 lits pour 10 000 habitants, la France se situant un peu au-dessus, avec 57 lits. Mais ces chiffres masquent des écarts importants, puisque certains pays en possèdent deux fois moins que nous, tels le Royaume-Uni à 24 lits, le Canada à 26, les États-Unis à 28 ou l'Espagne et l'Italie à 30 lits. *A contrario*, l'Allemagne en a plus que nous (78 lits). Se distinguent la Corée du Sud et le Japon, avec 128 lits pour 10 000 habitants. Il apparaît donc flagrant que ce critère du nombre de lits d'hospitalisation est largement insuffisant pour juger de la capacité d'un pays à prendre en charge sa population. Bien d'autres paramètres entrent en ligne de compte, comme le maillage territorial des soins en ville ou les pratiques médicales du pays.

Alors, face à cet épineux débat, admettons au moins qu'il faut réorganiser nos hôpitaux.

Même si, dans certaines circonstances, il peut être utile d'augmenter le nombre de lits d'une structure de façon plus réactive, que ce soit en cas d'incidents climatiques, d'événements épidémiques comme une année de grippe sévère ou un nouveau virus, ou pour des périodes estivales dans des villes très touristiques, le débat autour du nombre de lits doit être posé différemment de la façon dont ce sujet apparaît régulièrement dans le débat public. Les besoins doivent s'évaluer en fonction d'abord du territoire (en prenant en compte l'accessibilité des soins de ville et les possibilités d'hospitalisation à domicile), selon les caractéristiques de la population locale (âge moyen, niveau de vie, pathologies les plus fréquentes), puis en fonction des spécialités, mais certainement pas en nombre global au niveau d'un pays – chiffre qui n'a pas de réel sens, comme en témoignent ceux, éminemment variables, au sein de l'OCDE.

L'émergence des maladies chroniques a entraîné ce qu'on appelle depuis une vingtaine d'années « le virage domiciliaire ». Effectivement, nul besoin d'être hospitalisé à vie pour un diabète ou une insuffisance cardiaque. Les maladies chroniques se prennent en charge à domicile, notamment par des généralistes installés en libéral ou des spécialistes libéraux ou hospitaliers, même si bien entendu certaines pathologies plus sévères et moins chroniques, tels les cancers, peuvent nécessiter des hospitalisations itératives et régulières. Par ailleurs, la chirurgie invasive laisse dorénavant une large place à la radiologie ou à la cardiologie interventionnelle, ce qui requiert beaucoup plus de lits d'hôpitaux de jour et moins de lits conventionnels. De même, les hospitalisations conventionnelles pour de simples explorations diagnostiques, ou de suivi, ont tendance à disparaître, les examens pouvant être réalisés en ville ou organisés sur une journée.

Les lits d'hospitalisation occupés par des patients qui dorment sur place ont ainsi été remplacés, petit à petit, par des lits d'hôpitaux « de jour », prenant en charge entre un et quatre patients dans la même journée, pour des bilans, des chimiothérapies ou des interventions ambulatoires. Il est d'ailleurs intéressant de noter que le nombre de séjours (personnes prises en charge) comptabilisés par les hôpitaux augmente d'année en année, alors que le nombre de lits a eu tendance à se réduire, traduisant bien un gain d'efficience du système, lié à ces changements de pratiques et à l'essor des lits d'hôpitaux de jour.

Il est du reste tout à fait souhaitable que l'hospitalisation conventionnelle diminue par rapport à l'hospitalisation ambulatoire de jour, car, d'une part, moins on reste à l'hôpital, moins on s'expose en matière de risques iatrogènes, autrement dit de complications liées aux soins (tel le fait d'attraper une infection nosocomiale), et, d'autre part, parce qu'il est de plus en plus difficile de recruter du personnel acceptant le rythme nécessaire au maintien d'un service hospitalier, c'est-à-dire une présence 24 heures sur 24, 7 jours sur 7. Et ce constat ne devrait pas s'inverser dans les années qui viennent, en raison d'une désaffection des jeunes générations pour toutes les professions ayant ces contraintes horaires. Certains diront que c'est une question de salaire. Certes, si un salaire supérieur peut être plus attractif au départ, il ne permet généralement pas la fidélisation à long terme sur ces postes exigeants en matière de rythme de vie. Nombreux sont les infirmiers à quitter la profession à mi-carrière, comme nombreux sont les médecins ayant des spécialités à gardes à partir s'installer dans le privé – secteur qui n'a plus l'obligation d'assurer la continuité des soins depuis quelques années (même si un retour en arrière s'observe, avec des participations de certains établissements au service public, de façon contractuelle...). Il faut admettre que les hôpitaux souffrent davantage aujourd'hui de difficultés de recrutement ou de fidélisation sur des postes ouverts, et donc non pourvus, que d'une hypothétique réduction volontaire de personnel pour raisons budgétaires. D'ailleurs, le nombre d'agents de la fonction publique hospitalière ne diminue pas ; au contraire, il n'a cessé d'augmenter ces dernières années, pour atteindre près de 1,2 million d'agents employés dans les quelque 4 500 établissements médicaux ou médico-sociaux. Dont plus de 1 million pour le seul secteur hospitalier public – ce qui représente une augmentation presque constante depuis 2003... Nous ne sommes donc clairement pas en période de réduction drastique du service public hospitalier, contrairement à ce que certains politiques voudraient nous faire croire !

Recentrer l'hôpital sur sa valeur ajoutée

Une autre raison qui incite à repenser l'organisation de l'hôpital est liée à l'hyperspécialisation depuis quelques années. Grâce aux progrès scientifiques, la médecine est devenue plus complexe à apprendre et à exercer. Elle utilise des plateaux techniques de plus en plus sophistiqués, du matériel de haute technicité souvent coûteux, des compétences de spécialistes de plus en plus pointues et évoluant constamment au gré des découvertes scientifiques qui s'accélèrent. Tout cela participe à l'allongement de la durée de vie de la population, mais a un coût financier et surtout humain.

Devant la pénurie de médecins spécialistes, il est aujourd'hui impossible de maintenir toutes les activités spécialisées ou hyperspécialisées dans l'ensemble des hôpitaux du territoire, au risque de faire appel à des personnes peu voire pas formées, travaillant avec du matériel moins performant, et de s'exposer ainsi à une baisse de la sécurité et de la qualité des soins. En période de pénurie de ressources humaines, le saupoudrage d'activités nécessitant beaucoup d'expertise est impossible, mais aussi très risqué pour les patients. Il faut donc les concentrer, tout en veillant à ce que chacun puisse y avoir accès, quel que soit son lieu de résidence. Cela passe par des filières de soins clairement identifiées entre hôpitaux de proximité et hôpitaux de recours, des parcours de soins bien définis et connus des professionnels. Et plus les plateaux techniques sont rassemblés et spécialisés, plus ils sont performants en matière d'utilisation des ressources et d'efficience. Il suffit de voir l'organisation d'un service de chirurgie ambulatoire pour comprendre que tout est pensé pour un flux de patients important, en évitant les temps morts : les examens biologiques sont faxés la veille, les ordonnances préremplies à la sortie, les rendez-vous programmés, les procédures rodées. Au contraire, plus l'activité est diversifiée et peu spécialisée, moins il est possible d'organiser les flux de malades, d'avoir des procédures bien connues de tous ou des façons de procéder harmonisées et, de ce fait, plus les risques d'erreurs augmentent.

Êtes-vous plutôt « clinique » ou « hôpital public » ?

Vous devez vous faire poser une prothèse de hanche, mais – affreux dilemme – on vous propose soit un chirurgien dans le privé, avec dépassement d'honoraires et un rendez-vous dans quatre semaines, soit un chirurgien à l'hôpital public, sans dépassement d'honoraires mais dans trois mois. Évidemment, les deux jouissent d'une excellente réputation. Généralement, à ce stade, mes amis m'appellent pour savoir ce que j'en pense. Je reçois ce type d'appel plusieurs fois par semaine, pour de nombreuses pathologies, éloignées de ma spécialité. Et, évidemment, la réponse à une telle question ne peut être univoque. Elle dépend de la maladie, du lieu de vie, du niveau d'urgence… La seule réponse possible, aujourd'hui, est : à chacun sa spécificité.

Le système de santé français se caractérise par près de 2 800 établissements d'hospitalisation qui se côtoient sur le territoire, appartenant au secteur public hospitalier, au secteur privé ou au secteur privé non lucratif. Les établissements publics sont regroupés au sein de la Fédération hospitalière de France (FHF), forte de plus de 1 300 établissements ; la Fédération de l'hospitalisation privée (FHP) comprend, elle, plus de 900 cliniques privées ; et la Fédération des établissements hospitaliers et d'aide à la personne privés non lucratifs (FEHAP) rassemble plus de 600 établissements (en excluant tout le secteur médico-social). Les centres de lutte contre le cancer (CLCC), répartis sur le territoire métropolitain, comme les instituts Curie ou Gustave-Roussy en région parisienne ou encore le centre Paoli-Calmettes à Marseille, sont réunis au sein d'une fédération appelée Unicancer et appartiennent au secteur privé non lucratif. Les rapports entre les établissements peuvent aller de la bonne coopération sur certaines activités, avec par exemple des partages de plateaux techniques ou d'équipements de radiologie ou de cardiologie interventionnelle, à la concurrence féroce pour attirer des parts de marché, en passant par la saine concurrence, source d'émulation.

Tous sont financés par l'Assurance maladie au travers de ce qu'on appelle « les tarifs hospitaliers », qui diffèrent un peu d'un secteur à l'autre. Mais, dans le secteur public et privé non lucratif, les médecins et les chirurgiens sont salariés, alors que dans le privé ils sont rémunérés à l'acte, d'où le fait que les patients payent des honoraires aux chirurgiens ou aux anesthésistes, en plus du prix de l'hospitalisation au sein de la clinique.

Quand on regarde le maillage territorial des établissements, il est assez hétérogène, tout comme leur taille, leurs activités et leur réputation. Quant à savoir où aller se faire soigner, cela relève souvent du parcours du combattant et de son propre réseau de connaissances ou de celui de son médecin traitant.

Mais alors, qui décide de l'installation de tel ou tel établissement, ou du droit de démarrer de nouvelles activités médicales ou chirurgicales ? Qui juge de la qualité et de la sécurité des soins ?

En réalité, tout cela est le fruit de l'histoire. Personne ne s'est penché il y a quarante ans sur une carte de France ni n'a fait à l'époque des calculs savants pour savoir où positionner les établissements, avec l'idée de répartir les possibilités d'hospitalisation en lien avec les besoins des populations ou de la démographie.

Il n'est cependant pas inutile d'organiser tout cela pour éviter l'anarchie.

C'est là qu'interviennent les fameuses « agences de l'État », celles que beaucoup veulent supprimer, celles qui régulent, empêchent de tourner en rond et sont la cible de toutes les attaques, surtout lorsque l'on cherche à faire des économies. Elles sont en fait chargées de répondre à toutes les questions que nous venons de nous poser.

Ainsi, pour faire face aux évolutions de la médecine, de plus en plus complexe et exigeante en matière de plateaux techniques ou de compétences, l'État s'est doté d'outils de régulation afin de garantir la qualité et la sécurité des soins, la pertinence des pratiques ou l'adéquation de l'offre de soins aux besoins des territoires. Cet impératif de qualité au sens large du terme répond aux attentes plus que légitimes des patients, mais aussi à l'engagement des soignants qui souhaitent pratiquer leur métier dans de bonnes conditions.

Malgré tout, le système de répartition des activités sur le territoire et de leur évaluation est contraignant et paraît souvent bureaucratique. Certaines obligations, telles les autorisations d'activité (pour ouvrir un service de cardiologie interventionnelle, par exemple), sont soumises à l'avis des agences régionales de santé (ARS), afin d'éviter une concentration excessive d'acteurs exerçant la même activité, avec le risque de réaliser des actes en trop grand nombre et inutiles. Malheureusement, malgré ce souci du maillage territorial, la répartition des possibilités d'hospitalisation sur le territoire continue d'être hétérogène[4], et de nombreux petits établissements privés ferment chaque année faute de rentabilité, notamment dans les zones peu peuplées.

Une autre agence, l'Agence technique de l'information sur l'hospitalisation (ATIH), permet de suivre le nombre d'actes réalisés sur l'ensemble du territoire national, de réaliser des statistiques et de veiller à détecter d'éventuelles anomalies. Pour cela, les soignants doivent coder les actes qu'ils réalisent dans un logiciel, ce qui permet à l'établissement d'être rémunéré par l'Assurance maladie. Ce codage est consommateur de temps et agace beaucoup les professionnels, qui aimeraient pouvoir s'en décharger. Cependant, sans lui, nous n'aurions aucun moyen de savoir qui fait quoi et où partent les dépenses dans les établissements de santé.

En ce qui concerne la qualité ou la sécurité des soins, les établissements médicaux et médico-sociaux sont soumis à un processus de certification tous les quatre ans par des visites d'experts (professionnels de santé ou directeurs d'hôpitaux), envoyés sur place par la Haute Autorité de santé (HAS). Le résultat de ces visites tout comme la satisfaction des patients à la sortie des établissements sont publics et accessibles sur le site de la HAS.

Le secteur privé, qui se veut plus efficient et réactif que le secteur public, exprime souvent son agacement face à tous ces processus jugés trop lourds et trop lents. Mais ces contraintes répondent, d'une part, au fait que la plus grande partie du coût des soins est couverte par l'Assurance maladie et que les secteurs privés comme publics doivent répondre aux mêmes normes de qualité, et, d'autre part, au nécessaire maillage territorial, dont les ARS sont théoriquement les garantes, qui doit veiller à la complémentarité des activités afin d'éviter des luttes sans merci pour gagner des parts de marché, notamment en chirurgie.

À tous ceux qui souhaitent la fin de ces agences, sachez que leur financement représente l'épaisseur du trait par rapport aux dépenses globales de santé et que l'absence de régulation coûterait beaucoup plus cher au système, tout en offrant un service de moins bonne qualité à nos concitoyens. Qui pourrait imaginer une installation anarchique des établissements, avec des risques de concentration dans les zones les plus attractives ou en fonction des décisions d'élus locaux ? Ou l'absence d'évaluation de la sécurité des patients et de la qualité des soins, avec des risques plus importants de mauvaises pratiques ? Ou qui tolérerait des risques de fraudes à l'Assurance maladie sur des actes indus ?... Un certain nombre de pays du Nord rémunèrent de façon plus systématique que nous en fonction de la qualité des soins, que ce soit au niveau des établissements (par exemple, les résultats de la chirurgie sont publics en Suède et affichés à l'entrée des établissements) ou au niveau des parcours de soins liés aux pathologies fréquentes, et suivent des indicateurs de qualité précis, comme aux Pays-Bas. Quand je regarde les commentaires de mes collègues médecins les plus prolixes sur les réseaux sociaux à propos de la bureaucratie, jugée systématiquement excessive, cette approche, qui devrait sembler plutôt vertueuse et utile aux patients, ne me paraît pas encore totalement dans l'air du temps…

Enfin, si le débat s'enflamme régulièrement au sujet de la concurrence entre hôpital public et cliniques privées, c'est que les deux secteurs ne sont pas tout à fait soumis aux mêmes contraintes, notamment celles de la permanence des soins et des gardes dans des spécialités à urgences. Ce qui explique qu'un certain nombre de professionnels choisissent aujourd'hui de quitter le secteur public pour le privé. D'autres raisons financières ou liées aux conditions de travail et aux équipements interviennent également, mais j'y reviendrai dans le chapitre sur la financiarisation du système de santé.

En matière de financement des hospitalisations, ce que ces différents secteurs reçoivent de l'Assurance maladie, et qu'on appelle « les tarifs », varie d'un secteur à l'autre et évolue également chaque année. Lorsque j'étais ministre, je m'étais engagée à ce que ces tarifs augmentent pendant trois ans pour les trois secteurs. En 2025, ces financements représentent près de 109 milliards d'euros. En général, le secteur public reçoit les tarifs les plus élevés, car il est admis qu'il concentre les contraintes, notamment celle de recevoir tous les patients, y compris les plus graves, de former les médecins et de gérer les urgences. Mais ces financements font l'objet d'âpres débats et semblent insuffisants pour couvrir les coûts, car l'observation des comptes d'exploitation des établissements publics, et parfois privés, montre qu'ils sont rarement à l'équilibre. Le déficit cumulé des hôpitaux publics atteint 3 milliards d'euros en 2025, leur dette cumulée plusieurs dizaines de milliards. Cela engendre, de surcroît, une tendance au sous-investissement, en particulier dans le secteur public depuis les années 2000, ce qui décourage les personnels qui souhaitent travailler dans de bonnes conditions. Aujourd'hui, dans les secteurs de l'hospitalisation et selon les établissements, les voyants sont plutôt au rouge…

L'hôpital doit-il être rentable ?

Tout juste nommée professeure en 2004, responsable d'une unité d'hospitalisation de soins intensifs pour des patients atteints de cancers hématologiques, me voilà convoquée avec mes collègues en fin d'après-midi par la direction de l'hôpital, qui souhaite nous expliquer la nouvelle réforme dite « de la tarification à l'activité ». Et d'entendre, médusée, qu'il va nous falloir dorénavant exercer des activités RENTABLES ! La rentabilité, qualité naturelle pour une activité privée lucrative, paraissait assez saugrenue pour un hôpital public.

Alors, de quoi s'agit-il exactement ?

Dans les années 2000, les hôpitaux étaient financés chaque année par une somme fixe, appelée « dotation globale », souvent négociée avec les élus locaux, et ceci indépendamment des besoins et de leur activité réelle, de la qualité des soins ou de tout autre indicateur… La réforme de la tarification à l'activité, la T2A, mise en œuvre en 2004, visait à ce que les ressources des hôpitaux soient un reflet de la somme de travail des praticiens. C'est-à-dire qu'elles varient en fonction du nombre de patients, de la nature et de la complexité des pathologies, de la durée d'hospitalisation et, globalement, d'indicateurs qui feraient gagner en efficience par rapport à une sorte de revenu annuel garanti, forme d'autorisation de dépense assez peu vertueuse.

De fait, la réforme a mis en évidence de grandes différences dans le niveau d'activité des établissements, ce qui a clairement eu un effet bénéfique. Mais très rapidement, comme dans tout système, des effets pervers sont apparus.

Le premier était que certaines activités étaient plus rentables que d'autres pour les finances de l'hôpital et que la direction les privilégiait. Ainsi, dès cette séance explicative faite par la direction de mon hôpital, j'ai saisi que la chirurgie de la prostate, réalisée quelques étages au-dessus, était plus rentable que mon activité de prise en charge de leucémies aiguës et que, en cas de manque de personnel, les infirmières du service seraient redistribuées en urologie pour que l'hôpital ne perde pas l'activité la plus rémunératrice.

Le deuxième était plus insidieux. Qui définissait qu'une activité était rentable ? Autrement dit, qui déterminait que le remboursement de l'acte excédait les dépenses afférentes à ce même acte et permettait donc à l'hôpital de rentrer dans ses frais, voire de faire un peu de bénéfice – en l'occurrence, dans mon exemple, la chirurgie de la prostate ? Et, *a contrario*, qui décidait qu'il n'était pas très rentable ou, en tout cas, moins rentable de prendre en charge un adolescent de 17 ans atteint d'une leucémie ? C'est en me posant cette simple question que j'ai saisi que le financement à l'activité reposait sur des calculs complexes issus d'un algorithme prenant en compte les coûts moyens d'une prise en charge. Je crois avoir rarement été autant ulcérée qu'à cette époque, face à ce qui me semblait une injustice administrative sur laquelle je n'avais aucune prise, persuadée que sauver un adolescent d'une leucémie aiguë devait avoir une utilité sociétale au moins aussi importante qu'opérer un adénome de prostate, et devait donc être perçu comme tel par la direction de mon hôpital… Le comble était que la notion de rentabilité d'une activité était susceptible de changer d'une année sur l'autre, au gré de l'algorithme.

Le troisième effet pervers était que certains établissements (privés comme publics) ont cherché à tirer légitimement profit du système, afin d'être en mesure de dégager plus de ressources, certes pour de bonnes causes, comme investir dans des équipements, faire des travaux, payer des contractuels, etc. La T2A les incitait ainsi à augmenter leur activité, le nombre d'actes les plus rentables administrativement parlant, ou à jouer sur les durées de séjour, plus courtes ou plus longues selon les cas[5], en cherchant à gagner des parts de marché dans leur territoire, au risque de réaliser des actes inutiles, d'hospitaliser des patients sans nécessité (j'ai quelques cas flagrants en tête) et, en théorie, de grever par là le budget de l'Assurance maladie pour gagner plus de ressources… Afin d'éviter ce dernier écueil, la partie du budget de la santé dédié aux hôpitaux étant fixée chaque année (on y reviendra ultérieurement) et l'activité des établissements de santé augmentant, la rémunération de ces actes se réduisait d'année en année pour que l'ensemble de l'activité des établissements hospitaliers entre dans l'enveloppe allouée.

Avec un tel système, les établissements qui acceptaient, par exemple, de prendre en charge des patients âgés dépendants, atteints de plusieurs maladies complexes, et donc peu « rentables », se retrouvaient face à une injonction contradictoire. Celle de « l'hospitalité » d'un service public et celle de devoir raccourcir les durées d'hospitalisation pour gagner en activité. Dans un système concurrentiel, où certains peuvent choisir les activités qu'ils développent et d'autres pas, les choix ne sont pas simples pour les directions hospitalières. Ce type de difficultés expliquent souvent les tensions entre la communauté médicale, qui souhaite pouvoir jouer son rôle de soignant dans toutes ses composantes, et l'administration de l'hôpital, qui a du mal à combiner cet impératif d'humanité avec l'impératif d'activité.

Constatant ces dérives, est-il bien raisonnable de garder la T2A comme système de financement ?

En réalité, depuis une dizaine d'années, le ministère cherche à diversifier les façons de financer les hôpitaux, par exemple en fonction de la qualité des soins (sur des critères qui restent encore très sommaires), ou des financements forfaitaires pour certaines activités, et la T2A ne représente plus qu'environ 50 % des ressources.

Pour autant, faut-il la faire totalement disparaître, comme le souhaitent certains ?

Leur principal argument est que, afin de la faire fonctionner, il revient aux médecins de coder leur activité pour chaque malade – le type de pathologie, la sévérité du cas, le nombre d'examens coûteux, les complications, les durées de séjour, pour ne citer que les principaux indicateurs – et que cela prend un temps fou. D'année en année, dans le but de gagner en précision, le codage s'est enrichi de détails dignes d'un film psychédélique. Afin de remédier à la fronde des soignants, certains hôpitaux font appel à des prestataires extérieurs ou à des médecins dédiés aux systèmes d'information, dont la mission va être, là encore, d'optimiser le système pour gagner plus…

Mon sentiment est que, si ce système mérite d'être considérablement simplifié, voire que plus d'activités récurrentes devraient être financées de façon globale, il reste nécessaire de connaître les activités précises au sein des établissements et de coder un minimum. Il ne serait pas sain de financer à l'aveugle et de ne pas pouvoir suivre qui fait quoi. Pourrions-nous piloter le système de santé, repérer les abus, allouer les ressources nécessaires, suivre l'évolution annuelle des dépenses, sans savoir combien de cancers sont pris en charge, combien de chirurgies de la cataracte, combien de greffes de rein sont pratiquées, etc. ?

En parallèle de l'activité, nous pourrions envisager, comme cela existe aux États-Unis, d'avoir des hôpitaux qui exercent pleinement des missions de santé publique sur leur territoire[6] afin de prendre en charge les populations particulièrement vulnérables, et qui soient financés sur des indicateurs de résultats. Aujourd'hui, certaines missions de santé publique sont financées forfaitairement, mais nous pourrions aller beaucoup plus loin.

Alors, si une réforme de la T2A s'impose, ne jetons pas le bébé avec l'eau du bain et gageons que des systèmes d'information plus automatisés permettront de ne plus imposer ce décourageant exercice de codage aux soignants. Faisons également en sorte que les établissements de santé soient financés de façon plus adaptée à leurs spécificités, certains ayant vocation à faire de la médecine de proximité, d'autres de la médecine hyper-spécialisée, ou enfin sur des missions de santé publique ou de prévention de plus en plus nécessaires.

Si l'hôpital souffre aujourd'hui, ce n'est pas tant de la tarification à l'activité que de tarifs trop faibles alloués à ces activités. Les tarifs insuffisants de ces dernières années, qui creusent de nouveau la dette des hôpitaux, sont le résultat de dépenses de ville qui dérapent de façon incontrôlée. Un rééquilibrage des efforts entre les deux secteurs devient absolument vital pour nos hôpitaux et nécessite que les enveloppes respectives de financement du secteur de la ville comme de l'hôpital fassent désormais l'objet d'un cadrage dans les lois budgétaires, en plus du cadrage général par l'objectif national de dépenses d'assurance maladie (ONDAM).

2
Quand la santé s'adapte

Impossible de compter dans les médias le nombre de fois où les commentateurs, face à un drame du quotidien, la surcharge des urgences ou une pénurie de médicaments, nous expliquent que le système de santé est en crise. Ainsi, les journalistes, femmes et hommes politiques ou professionnels de santé, constatant les problèmes sur le terrain, s'insurgent régulièrement contre la fameuse « crise » qui n'en finit pas. Impossible aussi de compter le nombre de ministres qui, depuis une vingtaine d'années, s'attellent désespérément à la régler. Mais la raison pour laquelle cette « crise » paraît interminable réside dans le fait que ce n'en est pas une…

Car, par définition, une crise est un événement inattendu dont l'issue est incertaine et dont l'objectif de ceux qui la gèrent est de revenir à l'état antérieur. Or, les difficultés du système de santé ne sont en rien inattendues, même si elles ont été mal anticipées. Mais, surtout, leur issue n'est pas incertaine puisque nous savons fort bien vers quel système de santé nous devons aller. Nul ne cherche à revenir à l'état antérieur – celui du système que nous aimions, dont nous étions fiers, mais qui était en réalité adapté au monde du XXe siècle.

Pour toutes ces raisons, ce que nous vivons n'est pas à proprement parler une « crise », mais bien une transformation en profondeur du système de santé. Cette transformation s'accompagne de difficultés réelles, objectives, insupportables pour les usagers comme pour les professionnels et, de surcroît, elle prendra encore plusieurs années. Mais, insuffisamment expliquée, elle se heurte à de nombreuses incompréhensions et à des obstacles qu'il va nous falloir lever.

Aujourd'hui, l'organisation du système de santé est au milieu du gué, mais le monde a évolué, notre société est en pleine mutation et, face aux nombreux défis qui n'existaient pas il y a trente ou quarante ans, cette transformation est devenue inéluctable. En voici les principales raisons.

Vers un « monde de vieux »

Malheureusement, les difficultés d'accès aux soins étaient prévisibles si l'on s'était penché d'un peu plus près sur la démographie. Lorsqu'on parle de démographie, la baisse de la natalité est régulièrement mise en avant, notamment pour expliquer le manque d'actifs et le vieillissement moyen de la population, mais cette lumière grossissante sur le ratio enfants/adultes masque un autre effet majeur, celui de l'allongement considérable de la durée de vie.

En effet, en trois générations, nous avons gagné près de vingt ans d'espérance de vie. Ce sont bien vingt ans de plus qu'il nous appartient de vivre, entre 65 et 85 ans, tranche d'âge où les problèmes de santé ont malheureusement tendance à se multiplier.

Cet allongement de l'espérance de vie depuis la moitié du siècle dernier est également observé dans les pays les plus pauvres de la planète, parallèlement à l'amélioration continue du niveau de vie des populations. Ainsi, en Afrique, la transition démographique s'observe de la même façon et l'espérance de vie moyenne est passée de 45 à 65 ans. Seuls les États-Unis ont vu leur espérance de vie chuter légèrement ces dernières années, en raison de la crise des opioïdes et de celle du Covid-19, toutes deux responsables de nombreux décès précoces. Le monde entier est donc confronté à ce phénomène de vieillissement massif, qui aurait nécessité qu'on s'organise plus vite et que l'on forme beaucoup plus de professionnels du soin et de la santé.

D'ailleurs, contrairement à ce que beaucoup imaginent, ce n'est pas tant l'augmentation de la natalité au XXe siècle que ce vieillissement considérable de la population mondiale qui explique que nous soyons passés de 4 milliards à presque 9 milliards d'habitants sur notre planète, en moins de cinquante ans.

Ayant moi-même récemment accédé à la carte senior de la SNCF, je peux le dire : « Nous entrons dans un monde de vieux ! » Et je me permets d'ajouter, pour ceux qui l'oublient, que vieillir est une chance qui n'est pas donnée à tout le monde, bien que, je vous le concède, ce ne soit pas tous les jours plaisant…

Alors, concrètement, quel en est l'impact pour notre propos ?

En France, aujourd'hui, plus de 20 % de la population a plus de 65 ans (c'est également vrai en Allemagne, en Italie ou en Grèce) et, même si l'on se situe encore en deçà du record du Japon, où 30 % de la population est désormais âgée de plus de 65 ans, ce vieillissement a des conséquences très importantes pour l'organisation de notre système de santé. Ce dernier a été pensé dans l'après-guerre, pour des patients qui étaient plus jeunes, plus mobiles et souffrant de pathologies essentiellement aiguës. La population âgée étant moins mobile, cela implique que le système de santé aille vers elle. Par ailleurs, la transition démographique engendre un second défi : les maladies dont souffre majoritairement la population ne sont plus du tout les mêmes qu'autrefois.

Des millions de malades chroniques

La fréquence et la nature des maladies (ce que les médecins appellent « l'épidémiologie ») a donc considérablement changé en deux générations. Les années d'après-guerre se distinguaient par des pathologies plus aiguës, souvent infectieuses, et de très nombreux accidents du travail ou de la route, que des politiques publiques dédiées de sécurité routière ou de prévention au travail ont permis de réduire massivement. L'hôpital était au centre du système de santé, tout comme l'activité de chirurgie. Le système était en pleine construction et de grands établissements voyaient le jour dans toutes nos provinces. La création des centres hospitalo-universitaires (CHU) – spécificité française où se côtoyaient l'expertise médicale de haut niveau et des activités de recherche et d'enseignement, symbolisée par des grands patrons médiatiques et souvent hauts en couleur – a même permis à notre médecine de devenir en quelques années un fleuron national.

A contrario, aujourd'hui, une importante partie de la population souffre de maladies chroniques tels le diabète ou les maladies cardiaques, plus fréquentes lorsque l'on vieillit, même si des personnes jeunes peuvent également en être atteintes. Leur apparition est liée à l'âge, mais aussi à des prédispositions génétiques, à notre mode de vie (qu'il s'agisse du comportement ou de l'environnement). Qu'une même personne accumule plusieurs maladies chroniques est même devenu fréquent, la plupart des facteurs de risques comme l'alimentation, la sédentarité, l'alcool ou le tabac étant communs à de nombreuses pathologies, dont les maladies cardiovasculaires et beaucoup de cancers.

Ces affections chroniques, tels les pathologies cardiovasculaires ou le diabète, qui ne guérissent pas mais n'empêchent pas de vivre vieux, bénéficient de traitements au long cours. Dans le but d'éviter des coûts trop importants pour les patients, elles sont déclarées par les médecins sous le terme d'ALD 30 (l'une des trente affections de longue durée), ce qui autorise un taux de remboursement des soins de 100 % par la Sécurité sociale. Par ailleurs, cette déclaration permet de suivre précisément leur nombre et leur évolution dans le temps.

Ainsi, ces patients en ALD représentaient 16 % de la population en 2010, soit 8,9 millions de personnes. En 2022, elles touchaient déjà 11,9 millions d'entre nous. Et, en 2025, elles devraient en concerner plus de 14 millions. Mais, plus inquiétant encore, leur incidence, qui se définit comme le nombre de nouveaux cas par an, a tendance à augmenter de façon significative, notamment pour le diabète ou les cancers, ce qui signifie que la population vieillit mais probablement aussi que nous sommes de plus en plus exposés à des facteurs de risques. Sur ce dernier point, la part de ce qui est d'ordre environnemental et de ce qui est comportemental reste cependant difficile à démêler, et la tendance naturelle est de surévaluer les risques subis (comme la pollution de l'air ou le rôle des pesticides dans l'alimentation) par rapport aux risques « choisis[1] » (rôle du tabac, de l'alcool ou de l'alimentation ultra-transformée). Dans tous les cas, la diminution de l'incidence des maladies chroniques nécessitera de jouer sur ces deux tableaux.

En conséquence, les soins de ces patients chroniques, qu'il s'agisse de consultations, d'actes de biologie ou de radiologie et de consommation de médicaments, se font sur des durées longues – plusieurs années, voire décennies, le plus souvent à vie. Cette évidence implique des organisations bien différentes de celles mises en place auparavant, lorsque l'on mourait plus jeune, d'accidents aigus. Par exemple, il y a quarante ans, avoir souffert d'un infarctus signait un risque très élevé de décéder dans les cinq ans qui suivaient. De façon atrocement cynique, on peut dire que ces nombreuses maladies mortelles de l'époque ne coûtaient pas très cher à l'Assurance maladie. À l'inverse, détectée tôt, une maladie des artères coronaires se traite dorénavant par la pose de dispositifs préventifs, ou stents, qui évitent le rétrécissement des vaisseaux, et qui, associés à des médicaments au long cours, protègent ces patients d'un infarctus, mais les obligent *in fine* à un suivi médical et à des examens réguliers tout au long de leur vie. Vieillir est donc bien associé aux progrès de la médecine et à la capacité du système à y allouer des ressources.

Même en cancérologie, les progrès continus permettent à certains malades de vivre très longtemps avec leur pathologie, sans guérison définitive. Avec le temps, le nombre de patients vivants après un diagnostic de cancer ne cesse d'augmenter[2], pour le plus grand soulagement des équipes hospitalières. Je m'en suis rendu compte très concrètement lorsque j'exerçais en hématologie à l'hôpital Necker-Enfants malades, ayant été obligée d'ouvrir une, puis deux, puis trois journées de consultations supplémentaires pour suivre mes patients, entre les années 1990 et 2010. Avec, comme bénéfice associé, le fait d'accompagner ces patients pendant des décennies, de voir leurs enfants grandir, se marier et même de recevoir leurs petits-enfants en consultation, ce qui se concluait par de beaux dessins colorés sur le mur de mon bureau. Cet exercice de la médecine sur le très long cours change inexorablement la relation médecin-malade en créant une proximité naturelle avec les familles. Et ce qui est vrai pour la cancérologie l'est également pour l'ensemble des pathologies.

Par ailleurs, ces maladies chroniques ont la particularité, pour être prises en charge correctement, de mobiliser de nombreux professionnels de santé différents : médecins généralistes et spécialistes, infirmiers, kinésithérapeutes, diététiciens ou pharmaciens, pour ne citer que quelques exemples. Ils interviennent chacun à des degrés divers selon les affections et le moment de la prise en charge, mais sont tous indispensables à une bonne qualité des soins.

La navigation de ces malades dans le système est appelée « le parcours de soins ». Lorsque ce parcours est mal organisé, il expose le patient à des examens qui se perdent ou à des consultations redondantes, des retards de prise en charge ou une errance anxiogènes, car susceptibles parfois de générer de graves complications. Ainsi, à titre d'exemple, pour éviter ces complications, un patient diabétique doit voir de façon régulière son médecin généraliste, un spécialiste du diabète, un ophtalmologue, un cardiologue, un diététicien, un podologue, un infirmier en pratique avancée… Soit il est livré à lui-même pour décrocher ces rendez-vous, soit cet ensemble de professionnels se coordonne autour de lui afin de lui assurer le meilleur suivi possible.

La réponse du système de santé pour améliorer la prise en charge de ces maladies chroniques nécessite donc d'organiser rationnellement les parcours de soins des pathologies les plus fréquentes et justifie notamment que les professionnels collaborent mieux, afin que le patient soit au centre des préoccupations et des organisations. C'est notamment ce qui a justifié la mise en place de centres de santé ou maisons de santé pluriprofessionnelles, qui rassemblent dans un même lieu des professionnels différents pour gagner en efficacité et en simplicité dans le parcours de soins des malades.

Dorénavant, le modèle du médecin généraliste isolé dans son cabinet n'est plus plébiscité ni par les jeunes générations qui s'installent et ont bien compris les nouveaux besoins, ni par les pouvoirs publics qui cherchent à améliorer les parcours des malades chroniques entre les différents professionnels impliqués. Mais le fait que les soignants s'organisent localement pour collaborer aboutit à des regroupements de professionnels autrefois installés de façon éparse, ce qui peut donner à penser à certains territoires qu'ils sont abandonnés, lorsqu'un médecin généraliste n'est pas remplacé et qu'il faut se déplacer plus loin dans le département pour accéder à une maison de santé.

Ces nouvelles organisations créent donc des tensions dans les communes qui en sont dépourvues. La population interpelle d'abord les maires, qui cherchent à y remédier comme ils le peuvent face à une anxiété bien compréhensible. Récemment, lors d'un déplacement en Savoie, j'ai pu voir, qui flottait au vent, une magnifique banderole, disposée au centre d'un rond-point à l'entrée d'un village, où était inscrit « Recherche médecin généraliste pour reprendre cabinet ». On imagine la pression que ressent le maire face à ses administrés inquiets, mais est-ce pour autant la bonne solution ? Quelques maires tentent même d'attirer les médecins avec des incitations financières, pour reprendre la patientèle d'un généraliste parti à la retraite, créant des effets d'aubaine ; d'autres bâtissent *ex nihilo* les murs d'une maison de santé, sans forcément s'être assurés auparavant qu'ils trouveront les professionnels pour les occuper. C'est ainsi que, malgré des critères définis par la loi, certaines maisons de santé ont pu voir le jour sans qu'il n'y ait de médecin ou ont pu être remplies de professions non répertoriées comme professions de santé dans le Code de la santé publique (naturopathes, chiropracteurs, etc.), exerçant plutôt sur le versant du bien-être (voire proposant des soins non validés), au détriment malheureusement de la population qui ne s'y retrouve pas, n'est pas soignée au sens de la médecine moderne, mais n'accède qu'à ceux qui sont présents…

Pour autant, il n'est pas envisageable de revenir en arrière, c'est-à-dire à l'exercice isolé de la médecine comme modèle prédominant, d'abord parce que les jeunes générations n'aspirent plus à l'exercice individuel, ensuite parce que la coordination autour du parcours de soins du malade est une nécessité pour éviter les complications et, enfin, parce que le nombre de soignants formés actuellement disponibles sur le territoire ne permet pas aujourd'hui un maillage territorial tel qu'il existait il y a trente ans. Et, malheureusement, l'obligation d'installation ne devrait pas considérablement changer la donne, car le saupoudrage de quelques centaines de généralistes par an sur le territoire ne masquera pas la pénurie. Le problème de la désertification médicale nécessite des actions plus complexes, mais nous y reviendrons.

3

Un système de santé sans médecins ?

C'est un comble mais, aujourd'hui, nous n'avons jamais eu autant de médecins sur le territoire français ! L'augmentation atteint presque 10 % par rapport à 2012.

En 2025, on estime autour de 235 000 le nombre de médecins en activité[1], dont 45 % de généralistes, soit un peu plus de 100 000[2]. Et pourtant, force est de constater qu'il en manque vraiment beaucoup…

Le nombre de médecins, un indicateur insuffisant

La conséquence de cette transition démographique et épidémiologique que nous vivons, se traduisant par des pathologies chroniques au sein d'une population qui vit plus longtemps, est qu'elle mobilise beaucoup plus de temps de soignants que ne le faisaient il y a quelques décennies les pathologies aiguës au sein d'une population qui mourait bien plus jeune. Les vingt années d'allongement de durée de vie ont été arrachées de haute lutte grâce aux progrès de la médecine, mais cette victoire nécessite aujourd'hui d'avoir accès à des médecins très régulièrement et sur deux décennies supplémentaires. Ainsi, alors qu'il y a encore quelques années les Français se rendaient en moyenne une à deux fois par an chez le médecin, le suivi des affections chroniques nécessite désormais des consultations et des examens de suivi bien plus fréquents afin, notamment, d'adapter les traitements. Le nombre moyen de consultations par Français a augmenté régulièrement jusqu'à 2024[3], pour se situer entre 6 et 7 par an, proche de la moyenne des pays de l'OCDE[4]. Le temps médical nécessaire pour accompagner cette population vieillissante est devenu, de fait, absolument colossal.

Pour le traduire en nombre de médecins, cela aurait nécessité d'en former deux à trois fois plus ces dernières décennies…

Le temps médical constituant une richesse précieuse, il convient alors d'en dégager. Ainsi, le transfert d'un certain nombre d'actes vers d'autres professionnels a pour objectif de recentrer l'exercice médical sur sa valeur ajoutée, comme celui d'effectuer des diagnostics ou de prendre en charge des cas complexes. Des actes autrefois réalisés exclusivement par les médecins (par exemple, la prescription de certains médicaments ou de l'aide au sevrage tabagique) peuvent dorénavant être effectués par d'autres professionnels, tels les infirmiers en pratique avancée ou les pharmaciens, quitte à générer parfois l'incompréhension des malades. Mais ces transferts progressifs de compétences se développent un peu partout dans le monde. Et il convient d'ajouter que les pharmaciens, les infirmiers ou les sages-femmes sont mieux valorisés aujourd'hui dans leur pratique de soignants, grâce à cette extension de leurs prérogatives qui donne plus de sens à leur profession.

Une amie ministre me rappelait récemment l'une de mes tentatives pour illustrer ces évolutions des pratiques lors d'un Conseil des ministres de 2018, que j'avais occultée de ma mémoire... Il semblerait que je me sois mise à expliquer que les femmes souffrant régulièrement d'infections urinaires (ou cystites) pourraient bénéficier d'une simple analyse par le biais d'une bandelette urinaire, qui permettrait en pharmacie d'en vérifier l'origine bactérienne (j'avais, semble-t-il, eu le bon goût d'allier le geste à la parole, mimant de tremper la bandelette dans le pot d'urine devant le président de la République un peu interloqué...), et qu'elles soient ainsi traitées dans la foulée par un antibiotique adapté[5]. Cette possibilité offerte aux pharmaciens avait soulevé un mouvement de protestation chez les syndicats de médecins, alors que tout portait à croire que c'était une mesure gagnant-gagnant. En effet, certains chiffres avançaient que 2 millions de consultations par an étaient attribuées à ce motif. Cela, d'une part, faisait gagner autant de disponibilités horaires aux médecins ou services d'urgences concernés et, d'autre part, évitait aux femmes des moments terriblement douloureux, en cas d'attente de rendez-vous chez un médecin. En raison des blocages, il aura fallu près de six ans au ministère pour que cette mesure de simplification, votée dans la loi de 2019, trouve un décret d'application qui en ouvre la possibilité partout sur le territoire, en 2025 !

Ayant pris la parole, un soir de cet été, sur BFM TV, au sujet de la transformation du système de santé, tous mes anciens collègues et anciens amis de la fac de médecine m'ont immédiatement écrit pour me rappeler qu'ils souffrent avant tout de la bureaucratie, la pratique libérale leur devenant insupportable ! À l'évidence, libérer du temps médical nécessite aussi de diminuer drastiquement le poids des tâches administratives. Pour cela, la loi de 2019 a créé la profession d'assistant médical, dont c'est la fonction. Ce nouveau métier de soutien permet au généraliste d'être déchargé des contraintes administratives, mais aussi de lui préparer en amont les dossiers des patients – en vérifiant qu'ils sont à jour de leurs dépistages ou de leurs vaccins, ou en récupérant des examens – pour lui faire gagner du temps en consultation. Aujourd'hui, trop peu de praticiens font usage de cette possibilité d'aide, qu'ils considèrent comme trop chère. L'exercice collectif comporte l'avantage de pouvoir rémunérer correctement ces assistants médicaux sur un poste partagé au sein d'un cabinet, sans être trop coûteux, que ce soit pour les pouvoirs publics, qui financent ces postes au moins partiellement et temporairement, ou pour les cabinets médicaux eux-mêmes. Il conviendrait d'accélérer leur mise en place et de réfléchir à les étendre à d'autres spécialités en pénurie.

Ainsi, si l'on veut résumer la conséquence du vieillissement sur le système de santé, la quantité de temps médical nécessaire aujourd'hui est deux ou trois fois supérieure à celle des années 1960, où l'on mourait majoritairement avant 75 ans. Le nombre de praticiens n'a pas augmenté dans ces proportions pour différentes raisons (qui vont être décrites ci-dessous). Le temps médical étant précieux, il convient de le réserver aux tâches les plus complexes et de préserver les médecins des tâches répétitives ou administratives. C'est la raison pour laquelle il nous faut modifier les pratiques des différentes professions de santé et revoir les missions de chacun afin de répartir différemment les rôles dans le suivi des malades chroniques. C'est un énorme chantier.

La démographie médicale, une équation complexe

On l'aura compris, les pouvoirs publics en France, comme ailleurs dans le monde, n'avaient pas anticipé le besoin en « temps médical disponible » qui a considérablement augmenté, pour répondre à ces décennies de prise en charge supplémentaires de millions de malades chroniques et l'explosion du nombre de consultations nécessaires.

Pour des raisons corporatistes d'une part, les syndicats demandant que l'on forme moins de médecins afin d'éviter la compétition acharnée qui existait entre eux dans les années 1970, et pour des raisons économiques d'autre part, la Caisse d'assurance maladie ayant remarqué que, plus il y avait de médecins, plus les dépenses de soins augmentaient, la France a mis en place pendant quarante-cinq ans un *numerus clausus*. Le *numerus clausus* veut dire un nombre maximal d'étudiants en médecine admis à se former par an. Il a été dès le début très restrictif et, même s'il a réaugmenté à partir des années 2000, la France n'a donc pas formé assez de médecins pendant trois décennies : ainsi, dans les années 1990, moins de 4 000 étaient formés par an… contre plus de 10 000 depuis la fin du *numerus clausus* voté dans la loi santé (LOTSS), en 2019. En parallèle à la réduction du nombre d'entrées dans la vocation, à l'autre bout du spectre, une politique menée de 1988 à 2003 a cherché à réduire le nombre de professionnels par une prime au départ anticipé des médecins libéraux avant l'âge légal de la retraite (le mécanisme d'incitation à la cessation d'activité – MICA), démontrant que les préoccupations il y a trente ans étaient vraiment tout autres que celles auxquelles nous faisons face !

Depuis une dizaine d'années, les départs à la retraite massifs des médecins formés dans les années 1970 ont fait apparaître au grand jour que personne n'avait réellement pris la mesure de ce que nous allions vivre, en matière d'inadéquation du temps médical disponible au regard des besoins de la population vieillissante.

En réalité, et de façon contre-intuitive, lorsqu'on regarde de près le nombre de médecins en activité en France, celui-ci est relativement stable. En 2000, la France dénombrait 197 000 médecins en exercice, soit 330 pour 100 000 habitants. Et, en 2020, on en comptabilisait 198 000[6]. Mais la restriction majeure liée au *numerus clausus* a creusé l'écart avec nombre de pays de l'OCDE, qui comptent aujourd'hui beaucoup plus de médecins que nous pour 100 000 habitants, avec une moyenne de 370 (le record en Europe étant autour de 600 en Grèce), même si d'autres pays souffrent également d'une pénurie, comme l'Angleterre, qui en dénombre moins de 250 pour 100 000 habitants (soit 30 % de moins que nous).

De plus, notre population de médecins est également vieillissante, avec un âge moyen qui augmente d'année en année, faute de renouvellement suffisant par des générations plus jeunes qui auraient dû être formées dans les années 1990-2000, mais ne l'ont pas été en quantité suffisante…

Mais ce critère du nombre de médecins par habitants ne suffit clairement pas pour comprendre ce que nous observons.

La population française « consommant » beaucoup plus de temps de soignants qu'auparavant, et ce pour des raisons objectives, nos médecins ont beau prolonger leur activité et retarder leur départ à la retraite, cela ne suffit pas. Comme je l'évoquais précédemment, on estime aujourd'hui qu'il faudrait entre deux et trois professionnels pour remplacer un départ à la retraite. La tension est donc palpable dans presque tous les territoires, même pour ceux qui ont gardé le même nombre de médecins et que l'on considère comme « bien dotés ».

Il est malheureusement peu probable que nous arrivions à combler ce vide avant une petite dizaine d'années, le temps que les nouvelles générations se forment, sachant qu'il faut entre dix et douze ans pour qu'un médecin soit opérationnel, et que le nombre de généralistes, qui est cruellement insuffisant, sera compensé moins vite que celui des spécialistes. Le solde prenant en compte à la fois les nouvelles arrivées (de plus en plus nombreuses) mais aussi les départs à la retraite, il n'est pas prévu d'augmentation significative du nombre de généralistes avant 2030. Celui des spécialistes dans pratiquement toutes les spécialités a, lui, commencé à croître depuis un ou deux ans.

De récents rapports de l'Académie de médecine et de l'ordre des médecins pointent cependant que le balancier est en train d'aller trop loin, les générations en formation ayant été nettement augmentées, et que nous risquons donc d'avoir trop de médecins dans un temps assez proche. Cette remarque peut paraître assez incroyable tant le délai d'accès ne cesse de s'allonger dans certains territoires. Quelques chroniqueurs de talent ont d'ailleurs formulé des critiques moqueuses, voire acerbes, vis-à-vis de cette prise de position récente, en considérant qu'il s'agit de pur corporatisme. À mon avis, à tort. Car c'est sans compter le long terme et la dynamique actuelle, où nous formons autour de 12 000 médecins par an qui vont s'additionner, année après année, à ceux déjà en fonction, le nombre de départs en retraite allant ralentir dans les dix ans.

C'est sans compter également le fait que beaucoup de tâches ont été récemment déléguées à d'autres professions de santé, comme la vaccination aux pharmaciens, les certificats de décès aux infirmiers, la primo-prescription de médicaments spécifiques (antalgiques, protecteurs gastriques ou certains antibiotiques) aux infirmiers en pratique avancée… Et que ce mouvement va continuer avec la redéfinition des contours des professions qui se poursuit et du nouveau partage des tâches.

C'est enfin sans compter sur le numérique, en train de bouleverser la donne. Outre les applications de suivi des maladies chroniques, dotées d'alertes ou d'algorithmes efficaces pour adapter les doses de médicaments, l'IA va considérablement accélérer des tâches habituellement très consommatrices de temps pour les médecins, comme la démarche diagnostique à partir de symptômes ou d'examens biologiques, ou le choix des prescriptions sur la base de recommandations et devant prendre en compte les interactions médicamenteuses, pour ne citer que deux exemples concrets. Enfin, les professions chargées de la lecture d'images, tels les radiologues ou les anatomopathologistes pour laquelle l'IA a déjà démontré largement sa supériorité sur l'homme, pourraient presque disparaître pour les activités de routine…

Dans quelques années, les difficultés d'accès aux soins pourraient n'être qu'un lointain souvenir, mais il est difficile de faire des projections fiables en matière de délai. Un travail de prospective et de modélisation s'impose.

Trois générations de médecins : X, Y et Z

Enfin, deux problèmes supplémentaires grèvent la pénurie de temps médical.

D'une part, les jeunes générations souhaitent un meilleur équilibre entre leurs vies personnelle et professionnelle, et s'installent donc souvent à temps partiel, trois ou quatre jours par semaine. S'il paraît clair que les jeunes médecins travaillent en moyenne bien plus que la population générale, ils ont toutefois tendance à travailler moins que leurs aînés, ce qui veut dire qu'à nombre de médecins stable le temps médical disponible s'est réduit.

Les chiffres sont éloquents : certes, les médecins voient aujourd'hui plus de patients qu'avant (leur file active de patients a augmenté de 5 % entre 2016 et 2022), ils les voient cependant moins souvent, car le nombre total de consultations par médecin a diminué dans le même temps de 3 %. Mais, surtout, si l'on regarde les façons d'exercer des nouvelles générations (installées entre 2016 et 2019) par rapport à leurs aînés (installés entre 1982 et 2001), la tendance à la baisse du nombre de consultations chez les médecins les plus jeunes est bien plus marquée : 600 consultations de moins par an en moyenne (sur plus de 4 000 consultations par an), soit une différence notable de 15 % de baisse entre les deux générations. À leur décharge, les formations, ayant mis en avant depuis plusieurs années la qualité de la relation médecin-malade, ont abouti à un besoin de temps d'écoute et d'explications nécessitant des consultations plus longues. Ainsi, le nombre moyen de consultations par généraliste par jour en 2024 est de 22, pour un temps moyen de 17 minutes par patient.

Quand on s'intéresse au nombre de malades suivis – ce qu'on appelle « la file active » – plutôt qu'au nombre de consultations réalisées, un médecin généraliste installé en libéral en 2022 voyait 1 700 patients au moins une fois par an. Mais ce chiffre masque d'énormes différences d'un praticien à l'autre, qui vont presque du simple au double[7]. C'est la raison pour laquelle, dans certains pays, comme au Royaume-Uni, on rémunère les médecins en fonction du nombre de patients différents suivis, et non du nombre d'actes réalisés. C'est ce qu'on appelle « la rémunération à la capitation ».

De la même façon, à l'hôpital, les médecins manquent à l'appel. Certains professionnels privilégient une activité intérimaire, beaucoup mieux rémunérée que les temps-pleins hospitaliers, pour seulement quelques jours d'activité par mois, aggravant ainsi la pénurie de soignants dans les hôpitaux et mettant les finances hospitalières en grande tension, en raison du coût des journées d'intérim. Ainsi, lorsque j'étais ministre, différents établissements qui avaient du mal à remplir leurs tableaux de présence dans certaines activités, comme l'anesthésie-réanimation ou les urgences, avaient recours à un intérim massif, pour un coût exorbitant qui les mettait, parfois, en déficit. On assistait à une surenchère de la part des professionnels, certains intérimaires revendiquant des salaires journaliers de plus de 2 000, voire 3 000 euros. J'avais essayé de plafonner ce coût dans un décret, sans réel succès, les hôpitaux préférant ne pas réduire leur activité et déroger régulièrement à cette limite. Mes successeurs ont encore abaissé ce plafond de salaire journalier alloué à l'intérim médical, bien qu'il soit difficile de savoir si nous avons été suivis sur le terrain.

De leur côté, les jeunes médecins aiment cette pratique, la revendiquent même parfois, car ils y trouvent une forme de liberté. Elle leur permet de faire des choix d'installation plus tardivement dans leur carrière, que ce soit en ville ou à l'hôpital[8]. Il est difficile pour le système d'être attractif avec des postes hospitaliers salariés ou avec des perspectives d'installation dans les territoires, face à une génération qui éprouve un désir fort de ne pas avoir de contraintes, notamment tant qu'elle n'a pas de charge familiale. Cette observation n'est pas propre à la médecine et, là encore, elle touche tous les secteurs d'activité qui peinent à recruter des jeunes diplômés et à les garder. Il faut donc prendre en compte ce phénomène dans les organisations futures.

Enfin, le classement des choix de spécialités en fin d'études de médecine est édifiant. Depuis maintenant plusieurs années, sont plébiscitées en priorité des spécialités sans gardes et avec peu, voire aucune astreinte. La première spécialité choisie chaque année est aujourd'hui la chirurgie esthétique ! Puis viennent l'ophtalmologie et la dermatologie, alors qu'il y a trente ans, le classement des choix était fort différent, les premiers au concours de fin d'études optant pour des spécialités réputées exigeantes, comme la néphrologie ou l'hématologie. Ceci démontre un renversement de tendance chez les jeunes générations, en faveur d'un exercice plus confortable et plus rémunérateur.

Cette observation est en fait commune à toutes les professions qui imposent des astreintes de week-end ou de nuit, que ce soient les autres métiers du soin ou les professions dédiées à la sécurité, comme la police. Les jeunes générations, inquiètes pour leur avenir dans un monde instable et anxiogène, acceptent moins facilement les contraintes pesant sur leur vie personnelle et familiale. À cela s'ajoute le fait que la profession s'est considérablement féminisée ces dernières années puisque, pour la première fois, en 2025, le nombre de femmes médecins a dépassé le nombre d'hommes.

Il n'y aura probablement pas de retour en arrière, sauf à promettre des salaires que le système public (comme privé, d'ailleurs) peine aujourd'hui à atteindre, et encore, rien ne prouve que ceci suffira à fidéliser les jeunes professionnels. Là encore, le nouveau système de santé – et notamment le monde hospitalier qui repose, pour fonctionner, sur la présence de personnel 24 heures sur 24, 7 jours sur 7 – va devoir se réorganiser en fonction de cet état de fait et privilégier autant que possible la médecine ambulatoire.

4
Un changement de monde

Trois grandes évolutions sociétales impriment leur marque sur l'exercice médical.

D'abord, l'état d'esprit de la population a considérablement évolué en quarante ans. Le consumérisme que l'on rencontre dans tous les secteurs d'activité a aussi gagné le champ de la santé. Les patients sont plus impatients, remettent en cause plus facilement la parole médicale, n'hésitent pas à changer de professionnel s'ils n'obtiennent pas ce qu'ils désirent ou s'estiment en droit d'obtenir, comme des examens, des prescriptions ou des arrêts de travail. Il n'est plus rare que des professionnels de santé soient physiquement agressés sur leur lieu de travail, rendant l'exercice stressant et entraînant nombre de burn-out. Combien de faits divers entendons-nous chaque année qui relatent une agression physique d'un soignant dans un cabinet et découragent à l'installation ? Sachant que, en dehors d'une plainte en bonne et due forme, les parades ne sont évidemment pas simples à trouver pour les pouvoirs publics.

Ensuite, les patients expriment, en parallèle, une volonté plus grande d'être impliqués dans leur prise en charge, de comprendre leur pathologie et de la maîtriser, et cela est en réalité très bénéfique. Les années SIDA ont été marquantes à ce titre, les malades et les médecins découvrant de façon simultanée les différents signes de la pathologie et les associations militantes éduquant les patients. Le début des années SIDA signe ainsi la première période dans l'histoire de la médecine où les malades étaient particulièrement actifs dans leur propre prise en charge. Depuis lors, les patients sont passés de l'état d'« objet » des soins à l'état de « sujet » pensant et consentant, et ils devraient à terme devenir des « partenaires » du professionnel dans un dialogue constructif, mais cette évolution de la relation nécessite beaucoup d'échanges, et donc du temps médical supplémentaire. Or, les soignants en ont peu.

La transformation de la posture des usagers du système de santé s'observe d'autant plus facilement que les malades peuvent vivre des années avec leur pathologie chronique et qu'ils apprennent progressivement à la gérer. Ils la connaissent parfois mieux que leur médecin traitant – ce qu'il découvre parfois à ses dépens. Il n'est en effet pas rare, notamment dans le cas d'affections peu communes, que les patients ou leur famille aient suivi les toutes nouvelles découvertes *via* des publications partagées sur les réseaux sociaux d'associations de malades. Le médecin peut alors se retrouver en porte-à-faux, soit parce qu'il n'est pas au courant soit que l'innovation n'est pas encore accessible en Europe, créant des tensions perceptibles auxquelles les praticiens n'étaient pas confrontés il y a vingt ans.

De plus, des applications de suivi destinées à ce type de malades voient le jour et l'avènement de l'IA va certainement jouer très vite un rôle considérable pour réduire le besoin de faire appel à des soignants dans les parcours au long cours. Les patients vont ainsi pouvoir s'autonomiser, sous réserve qu'ils soient accompagnés, au départ, par ce qu'on appelle « l'éducation thérapeutique ». Celle-ci est régulièrement assurée par des infirmiers qui prennent la suite du médecin dans ce but. Il peut s'agir, par exemple, de l'adaptation de ses doses d'insuline dès lors qu'un diagnostic de diabète est posé, ce qui permet de rendre le malade rapidement autonome.

Enfin, les problèmes auxquels sont confrontés les praticiens sont aussi plus complexes face à des patients qui, au-delà d'un problème somatique motivant la consultation, expriment des difficultés sociales, des problèmes intriqués d'addiction ou de santé mentale, ou peuvent être victimes de violences ou de harcèlement… Le médecin se retrouve alors transformé en assistante sociale ou en assistant de justice, loin de sa formation de base.

L'ensemble de ces difficultés est plus facilement contourné lorsque l'exercice professionnel est collectif, comme dans les maisons ou les centres de santé, où chacun peut échanger de façon quotidienne avec ses confrères ou d'autres professionnels impliqués dans la prise en charge, notamment sur les cas complexes, justifiant là encore que de nombreux jeunes qui s'installent préfèrent sans hésiter cette option à l'exercice isolé.

Déserts médicaux et inégalités territoriales

La notion de « désert médical » est apparue dans les médias dès ma nomination au ministère de la Santé, en 2017. La pénurie de médecins s'étant brusquement aggravée en raison des départs en retraite non remplacés, les difficultés d'accès aux soins faisaient la une des journaux, dans toute la France. C'était comme si le système de santé avait attendu mon arrivée pour exploser. La triste réalité est qu'il s'agissait d'une évolution assez brutale de la démographie médicale, qui devenait tout à coup perceptible au plus grand nombre… L'été qui a suivi la formation du gouvernement, il m'a donc fallu élaborer dans l'urgence un plan pour lutter contre les déserts médicaux. Il était riche de mesures servant à atténuer le phénomène, comme des possibilités accrues de cumul emploi-retraite pour éviter les départs des médecins les plus âgés, des mesures incitatives pour que les jeunes médecins s'installent dans ces territoires sous-dotés *via* un contrat de service public (financement des années d'études contre années rendues sur les territoires les plus en difficulté), des obligations de stages d'externes et d'internes dans ces zones pour leur faire découvrir l'exercice loin des grandes villes, des transferts de compétences à d'autres professionnels plus accessibles. C'est ainsi que les pharmaciens, dont le maillage territorial est bien meilleur, ont expérimenté la possibilité de vacciner contre la grippe, ce qui nous a été bien utile lors de la pandémie. Mais il était évident que ce plan ne pouvait pas à lui seul compenser une pénurie de temps médical si profonde, pénurie observée par ailleurs autant à l'échelon national qu'international. Malheureusement, les difficultés d'accès aux soins ont continué à s'aggraver dans l'Hexagone entre 2020 et 2025, l'augmentation visible du nombre de médecins n'étant mécaniquement attendue qu'en 2025 pour les spécialistes, et pas avant 2030 pour les généralistes. Sans ce plan, la désertification aurait été pire encore, mais il est vrai qu'en langage politique l'objectif du « moins pire » sonne assez peu ambitieux… même s'il est parfois le seul atteignable.

Aujourd'hui, alors que la situation devrait commencer à s'améliorer dans les années qui viennent, on assiste à un festival de mesures coercitives, comme l'obligation d'installation, qui risquent, au contraire et de façon contre-intuitive, d'aggraver le phénomène (j'en reparlerai plus loin).

Mais, si l'on prend un peu de recul, ce qu'on appelle « les déserts médicaux » se situe dans des territoires ruraux ou périurbains qui peinent à être attractifs de façon générale et se vident de leur jeunesse. Ils correspondent à ce que les démographes nomment la « diagonale du vide », qui s'étend de façon très schématique du sud-ouest au nord-est de la métropole, comme aux DOM ou à des zones périurbaines jugées peu sécurisées. Ces territoires sont en grande difficulté d'accès aux services publics en général, ils subissent des fermetures d'écoles ou de classes, et leurs petits hôpitaux de proximité ont du mal à maintenir des activités ; ils tentent par ailleurs de réinventer leurs centres-villes, où les commerces baissent le rideau, et cherchent par tous les moyens à attirer de nouveaux habitants… Les médecins ne sont donc pas les seuls absents.

Pour aggraver encore la situation, c'est justement dans ces territoires que le besoin en temps médical est en moyenne le plus important, puisque la population y est de plus en plus âgée et moins mobile qu'ailleurs. Logiquement, chaque commune s'efforce à tout prix de garder son médecin. Mais, en parallèle, le réel s'imposant, les écoles continuent de fermer, et l'accès à l'emploi de diminuer. La loi de coercition sur l'installation en zone sous-dotée ferait que seuls les médecins seraient obligés de s'y installer.

De l'autre côté du spectre, les jeunes générations qui sortent des facultés et de leur internat (période de trois à cinq ans où l'on fait des stages, après les études) ont aujourd'hui en moyenne 30 ans et sont constituées à 70 % de femmes… La majorité d'entre elles débutent par des remplacements pour se frotter à l'exercice libéral. Et beaucoup aspirent à un exercice collectif pluriprofessionnel pour répondre aux défis déjà évoqués, exercice à temps partiel afin de préserver leur qualité de vie, et réparti/diversifié entre différentes structures (installation en ville et activité partielle à l'hôpital) ; enfin, elles préfèrent souvent le salariat à l'exercice libéral (rémunération à la consultation ou à l'acte). Sans compter que ces jeunes ont déjà ou peuvent avoir envie d'avoir des enfants – et ont donc besoin d'écoles et de crèches – et que leurs conjoints ont également un emploi. Dans les statistiques de l'ordre des médecins, l'âge moyen au moment de la première installation est de 35 ans, quand beaucoup ont déjà fondé une famille.

L'équation à résoudre se révèle donc particulièrement compliquée, faute d'un alignement des aspirations entre celles des élus et de leurs administrés, et celles des jeunes médecins, tout aussi légitimes.

L'argument reposant sur le fait que le financement des études de médecine est assuré par la solidarité nationale ne tient pas, car c'est le cas de toutes les études universitaires en France et aucune profession n'est soumise à une obligation de rendre à la collectivité les années d'études qui lui ont été financées… En revanche, le fait que les médecins soient rémunérés par nos cotisations sociales *via* l'Assurance maladie les contraint à participer au système dans son ensemble pour faire en sorte qu'il réponde aux besoins. Effectivement, l'exercice est libéral dans le sens où la responsabilité est bien assurée par le médecin vis-à-vis de son patient, qu'il est libre de ses choix de traitements, mais il a cependant de réelles obligations, car il participe au « service public » de la santé, sauf à accepter d'être déconventionné (ce qui signifie ne plus être payé par l'Assurance maladie mais directement par le malade qui, de son côté, n'est plus remboursé). Il faut donc imaginer quel type d'organisation pourrait répondre aux enjeux et faire l'objet d'une contractualisation avec les médecins.

Pour revenir à la première proposition en vogue, qui est la coercition d'installation, mon sentiment, comme celui de nombreux ministres de la Santé qui m'ont précédée ou succédé, est qu'elle ne réglera pas le problème. Cela n'a rien de corporatiste en ce qui me concerne, étant médecin hospitalier, mais c'est plutôt la conséquence du principe de réalité. Le nombre de postes de médecins salariés vacants est important à peu près partout (PMI, EHPAD, médecine du travail, médecine scolaire, hôpitaux, centres de santé, etc.). Or, il paraît clair qu'en dehors de certains professionnels qui ont la passion de l'exercice libéral et souhaitent à tout prix s'installer, y compris dans des territoires désertifiés, la plupart des nouveaux praticiens, notamment les femmes (majoritaires), préféreront prendre un poste disponible qui correspond à leur aspiration de vie. Les professions de santé ne se régulent bien que lorsqu'elles sont en surnombre (comme cela a été le cas pour les infirmiers libéraux) et que leur répartition sur le territoire permet d'assurer à chacun un revenu décent. Mais, en période de pénurie, les moyens d'échapper à la coercition sont très nombreux. Le risque est alors que cette pénurie s'installe dans les zones considérées comme les mieux dotées, du fait de l'interdiction de s'y installer… ce qui serait un comble. Ou bien qu'on y observe des installations hors convention, car les professionnels savent qu'ils y trouveront des patients acceptant de ne pas être remboursés, ce qui aboutit à un autre type d'inégalité d'accès.

Il y a donc une forme d'illusion, entretenue par des élus locaux et des parlementaires, à croire qu'on pourrait par la coercition remplacer les départs à la retraite des médecins dans les petites communes. Ce modèle-là est révolu. Même si de nombreux patients et élus ne le conçoivent pas encore clairement, l'exercice isolé de la médecine est voué à disparaître, et il n'est même plus souhaitable si l'on vise une amélioration de la qualité des soins et un bon suivi des malades chroniques et complexes.

Pour avoir observé le système de près, la solution repose sur les maisons de santé ou les centres de santé et le fait de rassembler plusieurs professions de santé ensemble. L'exemple le plus flagrant est le département de la Lozère, qui était un véritable désert médical il y a quelques années. La présidente du conseil départemental, comprenant l'urgence de la situation, avait eu la clairvoyance d'organiser sur son territoire un maillage de maisons de santé bien dotées, au lieu de laisser s'installer l'habituelle compétition entre les communes pour que des médecins reprennent des cabinets isolés après des départs en retraite. Cette stratégie a permis au département d'être attractif et d'améliorer l'accès aux soins à la fin des années 2010, avant que la situation ne se dégrade de nouveau en 2022.

Une autre solution passe par le fait de projeter du temps médical dans des cabinets éphémères, en attendant que le nombre de médecins soit suffisant. Cette solution est néanmoins complexe. Car les spécialistes doivent pouvoir disposer du matériel *ad hoc*, souvent lourd, comme le matériel d'ophtalmologie. Et que les généralistes doivent pouvoir assurer la continuité dans le suivi des patients, ce qui peut se révéler compliqué, sauf à compléter le dispositif, dans les intervalles, par de la téléconsultation réalisée par ces mêmes médecins. Avec des rémunérations appropriées, car il faut compenser le temps perdu dans le transport et la difficulté d'exercer dans des conditions atypiques, les médecins sont prêts à se déplacer. Mais, il faut être clair, ces organisations n'augmentent pas le temps médical disponible ; elles ne font que le déplacer d'un territoire à l'autre. Un calcul concret permet d'évaluer très grossièrement le bénéfice à attendre de cette stratégie : si 50 000 généralistes libéraux consacraient une journée par mois à un territoire en difficulté, cela ferait en moyenne 500 journées données par mois et par département, soit l'équivalent de 20 médecins par jour ouvré et par département (au détriment, évidemment, de leur lieu d'exercice d'origine). Disons que c'est mieux que rien, mais loin d'être magique.

Autre solution, l'augmentation du nombre d'infirmiers en pratique avancée formés aux maladies chroniques, qui sont actuellement trop peu nombreux en dehors des hôpitaux. C'est là aussi une urgence, notamment pour le suivi des pathologies au long cours, car ces soignants permettent de décharger du temps médical et de rassurer les malades à domicile.

Enfin, il est impératif de laisser la télémédecine se développer, car elle est une partie de la solution, notamment pour des consultations ponctuelles ou pour les consultations de psychiatrie, en raison des difficultés d'accès à cette spécialité dans de nombreux territoires.

D'ici 2030, date à partir de laquelle la démographie des généralistes sera sur une pente clairement ascendante, c'est un ensemble de solutions qu'il faudra privilégier. Et surtout, ne pas laisser penser qu'il y aurait une solution miracle, car ce serait mentir...

La transition numérique s'accélère

C'est bien connu, on trouve de tout sur Internet... Des professionnels comme des pratiques alternatives et charlatanesques, des médicaments comme des produits se revendiquant de santé, des conseils bien-être promus par des influenceurs à succès ou encore de l'automédication. Difficile de ne pas s'y perdre lorsqu'on est inquiet. Comme il est facile de finir sur un chemin de traverse lorsqu'on est un malade dans un « désert médical », avec les risques inhérents à ces pratiques alternatives. La régulation de cette offre pléthorique est particulièrement compliquée pour les pouvoirs publics, qui oscillent entre le laisser-faire et porter plainte pour exercice illégal de la médecine.

L'exemple le plus récent date de 2024, lorsque des associations professionnelles ont réalisé que l'application Doctolib, outil plébiscité par les malades pour accéder rapidement à des consultations, proposait tout autant des rendez-vous auprès de professions non référencées dans le Code de la santé publique que des rendez-vous auprès de professions qualifiées, ce qui a provoqué une réelle bronca dans le milieu médical. Comment, en effet, expliquer aux patients les risques pris, ceux d'un retard diagnostique, par exemple, si la plateforme la plus communément utilisée les y adresse ? De la même façon, la vente en ligne de certains médicaments, notamment sur des sites de distribution étrangers, échappant à tout contrôle pharmaceutique, expose au risque de recevoir des contrefaçons dangereuses et ne permet pas au pharmacien de délivrer des conseils d'utilisation. Enfin, encore beaucoup plus récemment, on assiste à une inflation de vidéos sur TikTok à destination des adolescents, qui vantent l'usage de tel ou tel produit à des fins hallucinogènes ou à visée d'amaigrissement[1]. Elles incitent ainsi les jeunes à se fournir en médicaments en dehors des circuits contrôlés. L'État, devant cet accès à des offres alternatives et les enjeux de sécurité qui leur sont associés, se doit de réguler et de sanctionner pour protéger le public.

Il y a cependant des raisons d'espérer. La révolution numérique a aussi des effets bénéfiques.

La téléconsultation permet d'accéder rapidement à un médecin, mais aussi à d'autres professionnels par des applications agréées. Elle peut rassurer rapidement ou, au contraire, détecter une urgence. Elle permet, par exemple, de connecter les infirmiers de nuit en EHPAD au SAMU avant d'envoyer une personne âgée aux urgences inutilement. Tout comme d'obtenir un conseil si l'on est inquiet devant une douleur aiguë ou une lésion cutanée.

Mais, au-delà de ces nouvelles pratiques qui se diffusent, c'est la révolution de l'IA qui va réellement bouleverser notre approche de la médecine. Nombre de rapports ont été écrits sur le sujet et personne ne sait réellement dans quel délai et à quel point l'IA va se substituer à certaines activités médicales. Il est cependant certain que nous allons y gagner en sécurité et en qualité des soins.

Mais pourquoi ? En quoi avoir affaire à un algorithme plutôt qu'à l'humain serait sécurisant ?

Parce que la médecine est une activité particulièrement complexe, et qui se complexifie de jour en jour grâce à l'acquisition de nouveaux savoirs, de nouveaux traitements et de nouvelles recommandations. La mise à jour des connaissances devient presque impossible pour un médecin, même s'il est consciencieux et s'oblige à de la formation continue. Comme dans tous les secteurs, tout s'accélère et le cerveau humain a ses limites.

Comment être sûr de ne pas passer à côté du diagnostic d'une maladie rare qu'on aurait oubliée, ou qu'on ne connaît même pas, car décrite récemment, d'une interaction médicamenteuse qu'on aurait ignorée, d'une nouvelle recommandation avec un traitement récent plus efficace ou, au contraire, le choix d'une simple surveillance ? La liste est longue des motifs de stress pour les praticiens, face à cette accélération des connaissances. Et, malheureusement, les études montrent que les retards diagnostiques ou les erreurs médicales sont très fréquents.

Or, l'IA a le pouvoir en quelques secondes de lister tous les diagnostics possibles devant certains symptômes et de les classer par probabilité, de fournir après la pose d'un diagnostic la dernière recommandation de traitement validée par la communauté ou d'alerter sur des prescriptions qui seraient responsables d'interaction et nécessiteraient d'adapter les doses. Ce ne sont que quelques exemples parmi d'autres. L'IA a déjà démontré sa supériorité dans toutes les spécialités qui traitent les images (anatomopathologie, radiologie, lecture des ECG, etc.), car une IA s'entraîne sur un nombre d'images des milliers de fois supérieur à ce qu'un œil humain verra dans toute sa vie professionnelle, et cette supériorité est flagrante en précision et en qualité du diagnostic, tout comme en rapidité.

Ainsi, les médecins vont être accompagnés dans leur exercice et vont certainement gagner un temps considérable, temps qui pourra être mis à profit pour dialoguer avec leur patient, et renforcera le caractère profondément humain du soin. Tout cela devrait être bénéfique pour les médecins, comme pour les patients.

Mais il ne faut pas prêter à l'IA ce qu'elle ne peut faire. Synthétiser en quelques secondes la somme des connaissances disponibles ne permet pas de découvrir de nouvelles maladies, d'innover ou, à l'autre bout du spectre, de prendre en compte l'émotion que l'on ressent lors d'une consultation, les non-dits d'un patient face à un diagnostic ; elle ne saura pas ressentir les besoins et les inquiétudes, rassurer, sécher des larmes, donner de l'espoir. Il faudra pour l'instant l'utiliser pour ce qu'elle est : un formidable nouvel outil de précision pour les soignants, comme l'ont été la radiologie ou la biologie au siècle dernier. C'est en ce sens que le temps gagné va profondément modifier le métier – ô combien complexe – des médecins.

5

Se donner les moyens d'agir ?

Pour résumer les chapitres précédents, notre système de santé n'est pas en crise mais vit une transition profonde. Il se transforme pour s'adapter autant que possible aux enjeux du XXIe siècle et ce changement de modèle vers une médecine de premier recours renforcée et pluriprofessionnelle est en phase avec ce qu'il se passe dans de très nombreux pays. Beaucoup de plans gouvernementaux, expérimentations de terrain, tentatives de régulation ont vu le jour ces dernières années sans toutefois réussir à améliorer la situation, que ce soit pour les usagers du système comme pour les professionnels eux-mêmes. Comment les acteurs de ce système, syndicats et ordres professionnels, industriels, élus locaux et pouvoirs publics, peuvent-ils alors s'inscrire durablement dans cette nécessaire transformation ? Cela passe par différentes décisions plus ou moins techniques, qui peuvent être d'ordre incitatif ou normatif, ou les deux.

La première étape, à mon sens indispensable et urgente, est de réformer l'exercice libéral de la médecine (qui concerne les médecins comme les autres professions de santé installés en ville), encore trop individualiste, alors que nous avons besoin d'une dynamique plus collective, interprofessionnelle et d'une meilleure cohérence d'ensemble, afin d'améliorer la qualité des soins. Pour atteindre cet objectif, il devient nécessaire de revoir ce que l'on appelle « la convention médicale », qui est le cadre de négociation entre l'Assurance maladie et les syndicats représentatifs des médecins, permettant de fixer contractuellement les rémunérations des actes et des consultations remboursés aux patients. En effet, les syndicats professionnels, et notamment médicaux, exprimant les revendications de leur base et poussés par des collectifs souvent plus radicaux, sont peu enclins à accompagner les changements du mode d'exercice, que les plus jeunes souhaitent. Certains, très corporatistes, sont attachés à un mode d'exercice libéral individuel qu'ils ont toujours connu, alors que les nouvelles générations semblent plus enclines à s'inscrire dans un exercice salarié. Ils réfutent d'ailleurs l'idée que les professions médicales sont pour une grande partie de leur rémunération des « salariés » de l'Assurance maladie, si l'on exclut la partie payée par les mutuelles ou les malades correspondant aux dépassements d'honoraires, et qu'ils devraient donc se sentir au service du système de santé.

De même, l'Assurance maladie contractualise avec chaque profession de santé ainsi qu'avec les fédérations représentant l'exercice regroupé (fédérations de maisons de santé, de centres de santé, fédérations hospitalières, etc.), mais chaque négociation se fait en silo, ne permettant pas de répondre à l'impératif d'aujourd'hui de mieux coordonner les parcours de soins entre professions de santé ou entre la ville et l'hôpital.

De surcroît, le mode de négociation de la convention médicale, qui régit au sein d'une même enveloppe toutes les spécialités médicales, ne permet pas de valoriser certaines spécialités délaissées et dont nous avons grandement besoin, comme la gériatrie, la pédiatrie ou la psychiatrie, en raison des rapports de force qui s'exercent entre les syndicats de chaque spécialité.

Rappelons qu'un système de santé doit être piloté sur différents critères pour répondre aux besoins. D'abord, il doit l'être sur le plan de son accessibilité pour les usagers, que celle-ci soit financière *via* les tarifs de remboursement, géographique *via* des règles et incitations d'installation, ou par la quantité de temps médical disponible *via* des incitations à faire plus de consultations ou d'actes. Ensuite, il doit être piloté sur la pertinence des actes et des prescriptions. Et, enfin, sur la qualité des pratiques et les résultats. Or, ce pilotage est aujourd'hui totalement déséquilibré en faveur de l'augmentation du tarif des actes et des consultations en ville, sans capacité à faire évoluer le système ni les pratiques professionnelles.

En réalité, il existe déjà dans la convention médicale des dispositions permettant de rémunérer les médecins autrement (majorations du prix des consultations qui ont lieu le soir ou le week-end, aides à l'installation et au maintien en zone dite « sous-dense », rémunération sur des objectifs de santé publique, etc.). Mais ces dispositifs pèsent très peu par rapport au paiement à l'acte, qui constitue l'essentiel de leurs revenus, surtout pour les médecins spécialistes. Ainsi, depuis 2004[1], alors qu'il avait été convenu que les modes de rémunération devaient se diversifier beaucoup plus, la valorisation des actes et des consultations continue de consommer la majeure partie de l'enveloppe budgétaire, au détriment des autres dimensions qui pourraient améliorer le service rendu par le système.

Ainsi, la dernière négociation des syndicats avec l'Assurance maladie, en 2024, a permis après un premier échec d'augmenter le tarif d'une consultation chez un généraliste de 20 %, au détriment de toute logique et de tout objectif de transformation. Sondage après sondage, il apparaissait que les Français trouvaient légitime que leur médecin généraliste gagne plus d'argent et étaient donc favorables à cette mesure. On ne peut qu'être d'accord avec l'objectif, car les généralistes sont assez mal rémunérés en France[2]. Toutefois, il n'a jamais été expliqué au grand public qu'il était possible de mieux rémunérer les médecins sans augmenter le tarif de la consultation, ce qui aurait évité cette décision peu opportune qui risque paradoxalement de diminuer l'offre de soins. Il y a en effet de nombreux autres moyens de diversifier encore plus le mode de rémunération des médecins, déjà en partie forfaitaire. On aurait pu, par exemple, accorder une prime annuelle à ceux qui exercent de façon régulière le week-end ou le soir après 20 heures (assurant la permanence des soins[3]) ou valoriser ceux qui participent à des actions collectives ou de santé publique (campagnes de vaccination ou dépistages), ceux qui acceptent d'offrir du temps dans les déserts médicaux ou qui consentent à augmenter de 5 % leur file active de patients pour « donner un médecin traitant » à toute la population, voire ceux qui acceptent d'allonger leur temps de travail. Tout cela aurait pu se négocier. À la place de ces dispositions, qui auraient servi à la fois les médecins et la population, les syndicats ont assuré que le fait de mieux rémunérer chaque consultation augmenterait l'envie de travailler et l'attractivité du métier, et donc le nombre de consultations accessibles en France, mais sans aucune contrainte ni obligation de résultat. Il ne me paraît pas évident que l'augmentation du tarif de la consultation

– passée de 25 à 30 euros – qui, en clair, permet de gagner autant en travaillant moins (cinq consultations aujourd'hui rapportent autant que six consultations d'avant) puisse favoriser l'accès aux soins… En tout cas, rien n'est moins sûr et l'avenir nous le dira. De surcroît, cette négociation n'a pas permis d'instaurer quelques obligations de missions qui existaient autrefois, comme la permanence des soins, supprimée du Code de la santé publique en 2003, ce qui explique en partie le débordement des services d'urgences. Une réforme volontariste des modes de rémunération, pour accompagner la transformation et répondre aux vrais enjeux des territoires, est donc devenue indispensable.

Devant ce que j'appelle un « échec » des négociations conventionnelles du point de vue de l'État, puisque celui-ci – même si l'Assurance maladie a conclu un accord – n'a pas obtenu ce qui aurait été souhaitable pour les Français, les parlementaires se sont saisis du sujet de l'accès aux soins et, texte de loi après texte de loi, détricotent le système de santé et les périmètres des professions de santé, par petites touches : obligation d'installation par-ci, accès direct aux infirmiers ou aux masseurs-kinésithérapeutes par-là, autorisation de prescription pour telle ou telle profession. Certaines, concernant cette fois l'hôpital, sont même de l'ordre du vœu pieux, comme celle instaurant un nombre minimal d'infirmiers par patient. Sachant que des milliers de postes sont ouverts au recrutement et non pourvus, et que l'on ne va pas mettre les malades dehors s'ils ont besoin de soins, cette loi ressemble fort à celle votée il y a quelques années sur le droit au logement opposable, dont on mesure chaque jour l'inefficacité.

Faute de majorité gouvernementale à l'Assemblée et de levier d'action sur la convention médicale, chaque député défend ainsi son idée et son projet de loi, rivalisant de créativité et renvoyant aux opposants l'argument du corporatisme. Mais plus personne n'est en mesure d'assurer la moindre cohérence d'ensemble, exemple concret qu'on administre le mauvais remède devant les symptômes réels que sont les difficultés d'accès aux soins.

Pour compléter cette réforme des conventions avec l'Assurance maladie, il devrait être possible de prendre en compte la diversité des territoires, en fixant des objectifs spécifiques d'accès aux soins ou de santé publique, selon des besoins spécifiques locaux. Les professionnels pourraient ainsi contractualiser avec les ARS et les caisses primaires d'assurance maladie (CPAM), en déclinant, de façon adaptée à chaque territoire, l'accord national.

À mon sens, l'unique moyen aujourd'hui de faire avancer efficacement la transformation est de modifier le cadre conventionnel actuel. Il est temps que nous ayons un débat politique sur ce qui résulte généralement d'une négociation directe entre les syndicats, le ministère et l'Assurance maladie. Un texte de loi portant sur l'exercice libéral et la distribution des dépenses de santé entre les différents acteurs permettrait un vrai débat public et parlementaire sur ces enjeux majeurs. En attendant, il serait souhaitable d'allouer des enveloppes budgétaires plus conséquentes aux fédérations encourageant les exercices collectifs ou coordonnés, ou de favoriser des forfaits renforçant le lien ville-hôpital. Les prochaines négociations devraient aussi, dorénavant, se concentrer sur des modes de rémunération diversifiés afin de répondre aux objectifs de santé publique et de réorganisation du système de santé fixés par l'État. Sans ces incitations à travailler autrement, il est peu probable que nous arrivions à transformer quoi que ce soit…

6

Faut-il dépenser plus pour notre santé ?

Ce mantra du manque d'argent est répété en boucle par à peu près tous les acteurs du monde sanitaire et politique, mais mérite toutefois d'être reconsidéré.

Qu'on me comprenne bien, il ne s'agit évidemment pas de dire qu'investir plus d'argent dans la santé ne serait pas confortable, voire très utile pour répondre aux besoins, ou de laisser penser qu'il faudrait dépenser moins, mais plutôt d'envisager qu'il est possible de dépenser mieux.

Il est surtout illusoire d'imaginer qu'à l'avenir nous pourrions dépenser beaucoup plus, sauf à créer beaucoup plus de richesse… et nous n'en prenons pas le chemin.

La France, grande championne des dépenses de santé

Reprenons les principaux chiffres[1] : en 2023, le secteur de la santé représente 12,3 % du produit intérieur brut (PIB) français. Sur cette somme, la dépense publique issue de l'Assurance maladie représente 9,9 % du PIB[2], le reste étant couvert par les assurances complémentaires et les ménages. Il n'y a pas de quoi rougir de cet investissement, puisque nous sommes le troisième pays au monde en matière de dépenses de santé après les États-Unis, qui sont loin devant, à 16,6 % du PIB (et dont le système de santé, essentiellement privé, est désastreux en matière d'inégalités et d'inefficience), et juste derrière l'Allemagne à 12,7 %. Les pays de l'OCDE ont un secteur de la santé qui représente en moyenne 9,5 % de leur PIB. Nous ne sommes donc pas frileux sur ce que nous allouons comme richesses, collectivement, dans la santé.

Pour l'espérance de vie, en revanche, nous figurons au douzième rang mondial, derrière des pays comme l'Italie, l'Espagne ou la Grèce, qui investissent moins dans la santé, suggérant que des facteurs autres que financiers, comme le mode de vie ou l'alimentation, interviennent sur la longévité. Nous y reviendrons plus loin, car cela identifie la prévention comme un moyen astucieux de dépenser un peu moins pour la santé, tout en vivant plus longtemps.

Il est désormais admis que le vieillissement de la population et le coût des innovations induisent structurellement une progression des dépenses de santé souvent plus importante que l'augmentation de la richesse d'un pays (PIB)[3]. Cette réalité s'impose un peu partout dans le monde, sauf dans les pays ayant des croissances à deux chiffres, loin d'être majoritaires par les temps qui courent.

Ainsi, en France, on estime qu'il faudrait allouer en moyenne autour de 4 % de plus par an pour la santé, si l'on suivait la courbe naturelle des besoins de notre population vieillissante et atteinte de maladies chroniques (que l'on soigne de mieux en mieux mais de façon souvent plus coûteuse dans le temps, puisque la durée de vie s'en trouve rallongée). Or, la croissance annuelle de notre richesse nationale étant plus proche de 1 % que des 4 % nécessaires, cela aboutirait mathématiquement à ce que le secteur de la santé représente près de 20 % de notre richesse productive dans quinze ans…

« Pourquoi pas, si c'est nécessaire ? », me direz-vous, mais la question est plutôt : « Est-ce souhaitable ? », sans même parler du « Est-ce faisable ? ».

Soyons clairs, une telle allocation de richesse, même si elle crée aussi de la croissance et du bien-être, se ferait obligatoirement au détriment d'autres secteurs. Et concernant son financement, cela ne pourrait se faire sans une hausse notable de nos cotisations sociales ou de nos impôts directs ou indirects (les hypothèses évoquées portent sur une augmentation de la CSG ou une « TVA sociale », pour ne pas accroître le coût du travail). Le débat que nous devons avoir sur le financement de la santé et, surtout, sur la part qu'elle doit occuper dans notre PIB n'est donc pas un débat entre les professionnels de santé et leur ministre de tutelle, ou entre le ministre de la Santé et celui responsable des comptes publics à Bercy, mais un véritable débat de société qui concerne tout le monde, jeunes et vieux, malades et bien portants.

Et ce débat intervient à un moment crucial où il semble tout aussi important d'investir dans l'adaptation au changement climatique, dans l'enseignement – de l'école primaire à l'université –, pour la recherche et l'innovation, la justice et la police, et malheureusement même pour notre défense… Et que ceux qui se sentent oubliés me pardonnent, cette liste à la Prévert ne visait pas l'exhaustivité.

Or, dans un gouvernement, personne ne pose jamais la question de son budget en matière de priorités sociétales, et chacun s'autorise à demander plus pour sa paroisse. Chaque ministre traite ainsi légitimement son « public » et, plus un secteur a des moyens de pression (que ce soit des grèves ou des manifestations bruyantes), moins les arbitrages du Premier ministre se fondent sur des choix stratégiques de long terme liés à l'intérêt général.

Si je me place en tant que médecin hospitalier (ce que j'ai été pendant plus de vingt ans), il m'apparaît évident qu'il manque de l'argent. Nous avons besoin d'investir dans les hôpitaux, de mieux payer les professionnels et de mieux financer les technologies innovantes.

Alors qu'en me positionnant comme citoyenne, je suis en droit de me demander où les finances publiques seraient le mieux employées pour l'avenir de nos enfants. Cela pourrait être dans le salaire des professeurs ou l'innovation dans les énergies vertes, pour ne citer que deux exemples fréquemment convoqués.

Enfin, si la solution que vous avez en tête pour le financement du système est d'augmenter les impôts des plus riches, cela ne fixerait le problème que très temporairement, puisque les dépenses augmentent plus vite que la richesse nationale et que, par ailleurs, nous ne serions pas du tout dans le même ordre de grandeur : les besoins nouveaux pour l'Assurance maladie chaque année représentent en effet plus d'une dizaine de milliards, ce que ne rapporte *a priori* pas ce type d'impôts – l'évaluation récente d'un impôt exceptionnel sur la fortune évoquant un rendement autour de 4 milliards.

L'augmentation continue des dépenses de santé

Aujourd'hui, nos dépenses de santé votées par le Parlement augmentent déjà en moyenne de 2,5 % à 3,5 % par an depuis plusieurs années, ce qui est bien au-dessus de la croissance française (qui devrait être inférieure à 1 % en 2025) et au-dessus de l'inflation (qui n'atteindra pas 2 %). La Cour des comptes dans son dernier rapport évoque même une hausse de 4,5 % par an depuis 2019, pour atteindre une somme totale de 265 milliards en 2025. Il s'agit donc d'une augmentation perceptible pour les Français, pas d'une simple communication ministérielle visant à calmer les protestations. La part que représente le secteur de la santé va donc s'accroître mécaniquement au-delà de 12,3 % du PIB, ce qui est une difficulté, car nous partons de très haut par rapport aux autres pays du monde, qui disposent, de fait, d'une marge de progression plus importante que nous.

A contrario, cette augmentation des dépenses de santé accordée chaque année par les parlementaires – autour de 2,5 %, c'est-à-dire en deçà des 4 % qui seraient nécessaires pour faire face aux besoins du vieillissement – oblige les gouvernements à réaliser des économies, appelées parfois pudiquement « gains d'efficience ». C'est à l'aune de ces contraintes qu'on doit lire la loi de financement de la Sécurité sociale (PLFSS) présentée au Parlement lors du vote des budgets à l'automne. La contrainte que l'on fait ainsi peser sur le système de santé – et qui, bien entendu, varie d'une année sur l'autre – a été ces dernières années de l'ordre de 1,5 % du budget de l'Assurance maladie théorique et idéal. En pratique, il nous faut trouver chaque année quelques milliards de ressources dépensées en moins : les dépenses de santé étant par exemple de 250 milliards en 2024, on doit contraindre le système à utiliser au minimum 3 milliards de moins en 2025 que ce qui serait naturellement dépensé, si le système suivait sa courbe balistique… Sans compter les dépenses non financées par des mesures nouvelles, comme les revalorisations salariales du Ségur de la santé de 2020 (mises en place pour reconnaître le travail des professionnels lors de l'épidémie de Covid-19), ou non prévues dans les projections annuelles et qui font exploser l'enveloppe, comme cela a été le cas cette année pour les dépenses d'indemnités journalières (arrêts de travail, dont l'amplitude semble déconnectée de l'état de santé de la population[4]).

Évidemment, ces coupes budgétaires font tanguer les pouvoirs exécutifs successifs et ont même fait tomber le gouvernement de Michel Barnier en 2024, personne ne voulant assumer de voter un budget en « baisse relative » (car il continue d'augmenter, mais moins que nécessaire). Et, en 2025, ce sont près de 5 milliards d'économies[5] qui sont recherchés afin de maintenir l'augmentation des dépenses à 2 %, ce qui est déjà au-dessus de la croissance du pays et de l'inflation des prix[6]. Pour être honnête, la situation en 2025 n'a en fait jamais été aussi préoccupante, le gouvernement ayant constaté une hausse des dépenses de l'Assurance maladie de 3,6 %, uniquement pour les six premiers mois de l'année ! Tous les postes de dépenses augmentent, que ce soit les honoraires des médecins et dentistes (5,9 %), masseurs-kinésithérapeutes (+ 5 %), infirmiers (+ 3 %), les médicaments (+ 4,5 %), les transports (+ 2 %) ou les hospitalisations (+ 2,7 %), mais le facteur le plus dynamique reste celui des arrêts maladie (+ 6,5 %)[7].

Sera-t-il possible de freiner le mouvement ou sera-t-il nécessaire de compenser cette explosion des dépenses par plus de ressources ? Telle est la question… Et jusqu'à quel point sommes-nous en mesure de compenser ?

Outre la question fondamentale de la part de notre richesse nationale que nous acceptons collectivement d'allouer au secteur (qui comprend de la dépense comme de la création de richesse), le débat porte aujourd'hui également sur les difficultés de financement de la Sécurité sociale. En raison du déficit de la branche maladie, certains ont évoqué d'augmenter les apports en y allouant une part d'imposition supplémentaire ou en utilisant les excédents des branches accident du travail/maladie professionnelle (AT/MP) ou ceux de la branche famille (CNAF). Mais un tel dispositif ne peut être que ponctuel, car, au rythme actuel des dépenses, notamment cette année, ces apports seraient très rapidement dépassés par les besoins.

Ainsi, pour maintenir les prestations dont nous bénéficions actuellement et ne pas continuer à creuser le déficit de la Sécurité sociale[8], le système de santé doit trouver des pistes précises qui dégagent des économies, au risque sinon d'obliger l'État à réduire les dépenses à grands coups de rabot[9], que ce soit sur les remboursements des médicaments, les transports sanitaires ou les indemnités journalières, afin de tenir l'enveloppe allouée par le Parlement. Cela passe par une réforme d'ampleur du système, la fameuse transformation…

Les économies, oui, mais… comment faire en sorte qu'elles soient justes ?

Si l'on entre dans le détail, cela se complique un peu. Mais le diable se nichant dans les détails, c'est là qu'on peut le mieux saisir les dérives du système et les pistes d'amélioration.

En effet, ces dépenses de la branche santé sont votées chaque année par le Parlement au sein de la LFSS.

Cette enveloppe, appelée « ONDAM », pour objectif national de dépenses d'assurance maladie, a été créée en 2004 pour mieux réguler la branche maladie. Les dépenses au sein de cette enveloppe sont gérées par la Caisse nationale de l'assurance maladie (CNAM). L'ONDAM est une enveloppe théoriquement fermée, qui permet de savoir ce que le législateur accorde aux dépenses de santé. Je dis « théoriquement fermée », car, ces dernières années, les dépenses réelles en fin d'année dépassent le plafond de l'enveloppe allouée par la loi et creusent de nouveau le déficit de l'Assurance maladie.

Mais il est beaucoup plus intéressant de comprendre comment se font les dépenses financées par nos cotisations sociales.

En effet, cette enveloppe se divise en deux grands domaines à peu près équivalents en matière de coûts : d'une part, les dépenses dites « de ville » (actes et consultations des professionnels libéraux, médicaments en pharmacie ou dispositifs médicaux variés, transports sanitaires, indemnités journalières) et, d'autre part, les dépenses hospitalières (ce qu'on appelle « les tarifs hospitaliers », qui sont les financements versés aux établissements publics ou privés par la CNAM).

Or, l'État n'a que peu de moyens pour réguler les dépenses de ville, qui dépendent du nombre d'actes effectués (médicaux, infirmiers, kinés, etc.), des prescriptions des médecins (longueur des ordonnances ou nombre d'examens complémentaires de biologie ou de radiologie prescrits), de l'arrivée de nouveaux médicaments sur le marché (toujours plus chers), du nombre de nouveaux cas de cancers ou de maladies chroniques (qui ne cessent de croître), mais aussi des épidémies de grippe ou de bronchiolite (facteurs conjoncturels), des arrêts de travail (qui sont en hausse quand la population qui travaille vieillit), pour ne citer que ces causes les plus communes.

Et, depuis des années, ces dépenses de ville augmentant plus vite que l'enveloppe globale, la pression financière se répercute sur l'autre volet de la dépense, celle que l'État maîtrise : le financement des établissements de santé (hôpitaux publics, privés non lucratifs ou cliniques privées). C'est la raison pour laquelle les hôpitaux publics ou privés voient leurs tarifs ne pas croître autant que nécessaire et leur capacité d'investissement se réduire, les obligeant souvent à s'endetter ou, pour le privé, à être rachetés par des groupes financiers, seuls capables de leur proposer des investissements conséquents pour les locaux ou le matériel.

Diminuer la contrainte sur les hôpitaux dans un budget alloué à la santé qui ne peut augmenter continuellement passe donc par une meilleure régulation des dépenses de l'enveloppe de ville.

De nombreux gouvernements ont tenté de s'y atteler. Parmi les manières d'y parvenir, l'une consiste à

« responsabiliser » les consommateurs de soins que sont les patients, en les faisant payer un peu plus de leur poche, ce qu'on appelle « le reste à charge ». C'était notamment l'une des voies choisies en 2025 pour le budget Bayrou. Cette approche demeure cependant assez anecdotique, car les malades ne sont pas responsables des prescriptions de leur médecin et rarement en mesure de dire : « Je ne veux pas de cet examen, car il est inutile… » La réalité non avouée est qu'en régulant ainsi, l'État espère que les médecins seront plus économes dans leurs prescriptions, car ils sauront que leurs malades vont payer des franchises plus importantes ainsi que d'éventuels dépassements d'honoraires.

Malheureusement, dès que l'on met à contribution les patients par une franchise – comme 1 euro par boîte de médicament achetée –, cela accroît les inégalités. Car, bien évidemment, dépenser 1 euro de plus par boîte n'a pas la même valeur selon que l'on est payé au SMIC ou que l'on est cadre supérieur, selon que l'on reçoit un traitement ponctuel ou continu. Cette dépense contrainte peut avoir un impact conséquent pour les patients ayant des traitements au long cours et achetant chaque mois de nombreuses boîtes. Par ailleurs, ces boîtes peuvent contenir des comprimés pour quatre jours ou un mois suivant le type de traitement, et le fameux 1 euro par boîte n'a aucun sens médical en dehors de celui d'améliorer les finances publiques.

La méthode est donc, autant que possible, à proscrire, car elle est injuste et inexplicable sauf à parvenir à être plus discriminante. Pour le budget 2026, le gouvernement Bayrou avait donc proposé une franchise plafonnée de 100 euros au maximum par an. Mais, là encore, cette franchise devrait être idéalement rapportée aux revenus, pour ne pas pénaliser les malades chroniques les plus pauvres. Enfin, en matière de responsabilisation, l'efficacité de la mesure est assez faible, car les franchises ne sont pas des euros sonnants et trébuchants que l'on sort de sa poche en pharmacie, mais un moindre remboursement *a posteriori*.

La seule façon de procéder qui ne creuse pas les inégalités ou n'est pas contraire aux fondements d'équité de la Sécurité sociale est de revenir à la science. Qu'est-ce qui est utile et qu'est-ce qui ne l'est pas ? La HAS évalue tous les actes et les médicaments pour en juger. Ce sont ses commissions scientifiques qui, sur la base d'études, permettent de valider ce qui mérite d'être remboursé par la Sécurité sociale. Lorsque le bénéfice est faible, le remboursement est faible. C'est ce qui explique que certains médicaments soient remboursés à 65 %, et d'autres à 15 % ou à 30 %. Et quand l'efficacité ne peut être prouvée scientifiquement, le médicament est considéré comme inutile et n'est pas remboursé.

Nous pourrions modifier ces taux en les réduisant un peu ou décider de n'avoir qu'un taux à 60 %, par exemple. Le reste étant à la charge des usagers ou de leur mutuelle. En ALD, la prise en charge des traitements par la Sécurité sociale monte à 100 % et certains médicaments sans bénéfice important se retrouvent ainsi pris en charge totalement, ce qui n'est pas logique. La première piste serait que ces médicaments sortent du panier de soins remboursables, en modifiant les taux de remboursement par l'Assurance maladie. L'autre piste actuellement explorée serait de réduire le nombre de patients en ALD, qui dépasse aujourd'hui 13 millions de personnes. Soit en excluant les patients guéris (choix du gouvernement Bayrou pour le budget 2026), sachant qu'on ne guérit pas des pathologies chroniques comme le diabète ou l'insuffisance rénale et que, même lorsqu'un cancer est guéri, nombre de malades continuent d'avoir des examens de suivis à vie. Cette piste ne concernera donc que très peu de patients en ALD. Soit en explorant une autre voie, qui nécessite des travaux complémentaires en lien avec les associations de malades, les sociétés savantes professionnelles et les assureurs privés, celle d'entrer progressivement en ALD en fonction de la pathologie et de la restreindre à des patients plus sévèrement atteints (ce que font d'autres pays européens, comme l'Allemagne, qui a beaucoup moins de patients pris en charge à 100 % que nous).

Évidemment, certains ne manqueront pas de crier au scandale. Mais il est utile de rappeler quelques faits.

Quand on compare notre modèle aux autres pays, notre système est l'un des plus protecteurs qui existent. Les assurés français ont le « reste à charge », c'est-à-dire ce qui sort directement de leur poche pour contribuer aux soins, le plus faible au monde (7 % des dépenses) et, en parallèle, le panier de soins le plus large (on rembourse très largement les actes ou les produits de santé, pratiquement sans restriction). De surcroît, l'Assurance maladie ne laisse personne au bord du chemin, c'est ce que l'Organisation mondiale de la santé (OMS) appelle « la couverture santé universelle » (*universal health coverage*), qui est une réalité en France. Il faut certainement travailler à modifier légèrement ces trois dimensions. Mais la première tâche est de proposer un panier de soins resserré sur ce qui est le plus utile pour rester en bonne santé. La ministre de la Santé du gouvernement Bayrou a, par exemple, évoqué le fait de ne plus rembourser ou de moins rembourser les cures thermales, au risque de se mettre à dos les villes d'eaux et leur secteur d'emploi. Une telle approche pourrait rapporter au maximum dans les 400 millions d'euros et on est donc encore loin du compte.

Autre piste à creuser : celle de « la pertinence des soins ». En effet, des actes peuvent être jugés utiles en soi, comme doser le cholestérol dans le sang ou faire une radiographie des poumons, mais peuvent devenir totalement inutiles s'ils sont réalisés à mauvais escient, trop fréquemment ou en dehors d'une indication reconnue. Ainsi, nombre d'actes sont effectués alors qu'ils ne devraient pas l'être, de nombreux examens de biologie sont renouvelés à une fréquence trop élevée, trop d'actes de radiologie sont prescrits, trop de médicaments consommés.

Définir la pertinence ne peut malheureusement pas relever d'un travail de l'administration et nécessite une vision très médicale des pratiques. Le meilleur exemple pour expliquer cette difficulté est celui des tests PCR visant à détecter le Covid-19. En septembre 2020, lors de la reprise de l'épidémie (deuxième vague), ces tests PCR étaient largement disponibles en France et plus d'un million par semaine étaient réalisés. Ils concernaient les personnes présentant des symptômes ou des cas contacts, et visaient à détecter si l'on était porteur du virus afin de se mettre à l'isolement. Ce PCR Covid était un acte parfaitement utile en soi et le test était remboursé 75 euros. Il aurait pu paraître totalement « pertinent ». Sauf que, très régulièrement, les laboratoires de biologie n'étaient pas en mesure de rendre les résultats avant huit ou dix jours, ce qui n'avait plus d'intérêt en matière de santé publique puisque, dans l'intervalle, les malades contagieux avaient eu le temps de contaminer des dizaines de personnes. Dans une note au président de la République, je lui avais proposé de mettre en place un système de bonus-malus afin d'inciter les laboratoires à rendre les résultats plus rapidement, les 75 euros ne pouvant leur être remboursés que si les résultats étaient donnés en moins de 48 heures. On voit là un exemple d'un test *a priori* utile (personne ne peut le nier), mais qui n'est pas pertinent si l'indication est mal posée (n'effectuer le test qu'au bout de dix jours de symptômes, par exemple) ou si le rendu trop tardif n'apporte aucun bénéfice médical ou sociétal. La pertinence est donc une notion particulièrement complexe à apprécier et nécessite une validation par des sociétés savantes, ce qui explique qu'on ait tant de mal à en faire une valeur cardinale pour le remboursement des actes au niveau national.

Autres exemples concrets concernant la pertinence des prescriptions médicales : si votre dosage du cholestérol est normal et que vous n'êtes pas malade, il est inutile de le faire tous les six mois dans le cadre d'une prise de sang de routine, tous les deux ans suffit largement, ce sont les recommandations. Si vous devez avoir une IRM du genou, il ne sert généralement à rien de faire une radiographie ou un scanner en attendant, pour patienter, car on ne verra pas grand-chose d'utile et il faudra de toutes les façons réaliser l'IRM. Tous les actes de dépistage des cancers, comme la recherche de HPV chez les femmes ou les coloscopies, doivent être réalisés à un rythme défini par des recommandations internationales. Accélérer la fréquence doit ainsi être justifié.

Ces recommandations scientifiquement validées sont malheureusement rarement suivies, pour différentes raisons : demande du malade inquiet, mauvaise application des recommandations par des médecins surchargés, changement de médecin qui ne retrouve pas le résultat dans le dossier médical partagé parce qu'il n'a pas été rempli, etc. D'ailleurs, ce remplissage du dossier patient numérique va être rendu obligatoire pour éviter les doublons. Mais, plus généralement, nous ne devrions plus rembourser ce qui n'est pas validé ou qui entraîne des dépenses inutiles, par habitude ou par mauvaise application des recommandations. Le problème est que ce sont les médecins qui les prescrivent et c'est donc à eux que devrait incomber la charge de la dépense non remboursée, certainement pas au malade qui n'est pas capable de juger de la pertinence de ce qu'on lui ordonne de faire. Ce serait une révolution. Aujourd'hui, cela n'est pas encore envisagé ou nécessiterait un système informatique assez complexe. Mais le non-remboursement de la non-pertinence ou la pénalisation de prescripteurs imprudents risque fort de devenir la norme dans les années qui viennent grâce à l'IA, si la numérisation se poursuit. Et l'IA sera certainement un outil majeur pour éviter en amont ces prescriptions inutiles.

Aujourd'hui, les prescriptions des médecins généralistes représentent plus de 40 milliards par an. La dépense moyenne prescrite par un généraliste est donc de plusieurs centaines de milliers d'euros par an, dont très grossièrement un tiers pour les médicaments et les dispositifs médicaux, un tiers pour les analyses biologiques et les actes d'imagerie, et un tiers pour les indemnités journalières (arrêts de travail). Et certaines spécialités se rapprochent même de 1 million d'euros de dépenses en prescriptions par an. La pertinence peut être améliorée sur ces trois postes de dépenses.

Pour vous donner un exemple concret de non-pertinence d'un parcours, une personne âgée de 90 ans de mon entourage, ne souffrant d'aucun problème de santé majeur, s'est plainte d'une fatigue importante assez soudaine, engendrant des difficultés à la marche. Elle est allée voir son médecin traitant et est ressortie de la consultation avec des prescriptions pour un total de près de 500 euros, qui comprenaient une prise de sang pour un bilan biologique très complet (qu'elle avait déjà fait un mois plus tôt, lors d'une hospitalisation), une IRM du cerveau et des vitamines, bilan qu'elle s'apprêtait à réaliser. Quand je lui ai demandé si le médecin lui avait pris sa tension, elle m'a répondu que non, qu'il ne l'avait pas même examinée. Contrôlée en pharmacie, il s'est avéré que sa tension était très basse, vraisemblablement en raison de surdosage d'un médicament bêtabloquant, expliquant son intense fatigue. Il a donc suffi de rééquilibrer son traitement, en réduisant la dose, pour que la situation redevienne normale, avec une économie conséquente pour la Sécurité sociale. Ce type de récit n'est malheureusement pas exceptionnel. L'IA aurait certainement demandé la tension devant un cas de fatigue récente avant de proposer une liste d'examens à réaliser. Et il est facile ici de concevoir que la « responsabilisation du patient » ne permet pas de régler le problème.

Ainsi, l'Assurance maladie évalue qu'environ 20 % des dépenses de santé (consultations, actes et médicaments) sont inutiles. Cet état de fait n'est pas une spécificité française puisque ce chiffre avancé est relativement consensuel à travers le monde. Étant donné l'évolution des dépenses de santé, une gabegie de plusieurs milliards par an n'est plus tenable et traiter ce problème de pertinence devrait être une priorité absolue des transformations des systèmes d'information et des outils numériques. L'IA pourrait s'avérer un atout considérable à l'avenir pour conduire les professionnels à des prescriptions plus conformes aux standards. Il faudrait donc qu'elle soit intégrée aux logiciels de prescription et à la gestion des dossiers médicaux informatisés.

Dépenses de fonctionnement versus *d'investissement ?*

Qui n'a pas expérimenté la paupérisation des hôpitaux ? Une panne d'équipement, des locaux qui paraissent datés, la reconstruction ou l'extension d'un établissement qui tarde… Et pourtant, 17 milliards de plus ont été apportés lors du Ségur de la santé en 2020, essentiellement pour revaloriser les salaires.

En toute discrétion, le secteur hospitalier est la variable d'ajustement des dépenses de santé puisque, on l'a vu, le secteur des dépenses de ville est difficilement régulé par l'État quand un déséquilibre apparaît. Cette situation est très dommageable, car elle limite les investissements hospitaliers. Comment mieux répartir les économies de façon équitable et raisonnée sur les deux secteurs, afin de pouvoir réinvestir dans nos hôpitaux ?

Pour l'avenir, si les dépenses s'avéraient supérieures à l'enveloppe allouée, au lieu de faire peser les contraintes sur le secteur hospitalier, comme c'est le cas actuellement, pourrions-nous faire en sorte que le secteur de ville prenne sa part, que ce soit sur certains remboursements et rémunérations, les indemnités journalières, les transports, les médicaments, même si la répartition exacte reste à définir ? Aujourd'hui, c'est ce que fait l'Assurance maladie, partiellement, *via* des rabots sur les tarifs des actes, notamment de biologie. De même, dans le secteur du médicament, les laboratoires pharmaceutiques doivent rembourser l'Assurance maladie lorsque la dépense dépasse un seuil fixé annuellement (ce qu'on appelle « la clause de sauvegarde »). En 2026, le gouvernement Bayrou prévoyait également un rabot général des tarifs de radiologie s'il s'avérait que les dépenses d'imagerie augmentent trop au niveau national. Le problème est que ce type d'économies *ex post* sur des dépenses trop élevées en fin d'année pénalise autant les professionnels qui travaillent très rigoureusement que ceux qui « optimisent » le système et s'autorisent à faire des actes potentiellement inutiles. Cela peut s'avérer décourageant pour les plus vertueux, qui payent pour les autres. À leur décharge, les radiologues ou les biologistes sont dans une réelle difficulté de devoir refuser un acte prescrit par un médecin, même s'ils l'estiment inutile. Des outils plus discriminants sur la pertinence des actes, et ne reposant pas juste sur la bonne volonté des uns et des autres, sont dorénavant absolument indispensables afin de mieux réguler le secteur.

Pour poursuivre sur la façon dont nous maîtrisons les dépenses de ville, il est utile de regarder de près les rémunérations des professions de santé. Il peut exister un différentiel de rémunération de 1 à 10 entre les spécialités médicales. Cela se concevrait si celles qui gagnent le mieux leur vie sont celles qui sauvent le plus de vies, ou sont les plus indispensables à la bonne santé de la population. Il n'y a cependant aucune corrélation. La différence est liée au fait que certains actes sont sur-rémunérés par rapport à leur coût réel, comme en radiothérapie[10] ou en médecine nucléaire, alors que des spécialités sans actes (qui vivent exclusivement par le règlement des consultations), comme les généralistes, les psychiatres, les pédiatres ou les gériatres, ont des revenus largement inférieurs. Cette situation est la résultante de décennies de négociations conventionnelles qui font perdurer ce système. Ces mesures, initialement légitimes, visaient à favoriser l'innovation technologique et pousser les médecins à s'en emparer. Aujourd'hui, le rendement de ces spécialités à actes par rapport à leur investissement dans les équipements est estimé à 15 % (jusqu'à plus de 20 % pour la radiothérapie, dans le dernier rapport de la CNAM pour 2024[11]...), contre 7 % en moyenne pour les entreprises françaises. Cette rentabilité importante de certaines spécialités n'a pas de justification à être payée sur des deniers publics, même s'il convient d'être encore prudent sur ces observations très générales[12]. Mais réévaluer en profondeur le remboursement des actes et les rémunérations par spécialité, et les réajuster progressivement sur une certaine durée permettraient d'assurer une certaine égalité salariale entre elles ou de les valoriser en fonction des lacunes observées sur le territoire. Là encore, si l'exercice libéral, majoritaire dans notre pays, a un fondement historique et a pleinement assuré sa fonction de délivrer les soins sur le territoire pendant des années, le système de santé souffre aujourd'hui d'avoir progressivement dérivé au point de ne plus répondre aux besoins, même en matière de répartition numérique des spécialités. La majorité des rémunérations professionnelles étant financée par l'Assurance maladie, il est légitime que l'État reprenne la main sur ce secteur pour le réorienter progressivement comme il se doit.

On le voit, sans repenser l'enveloppe globale des dépenses de santé, nous avons moyen de faire mieux en travaillant étroitement avec les professionnels, pour identifier ce qui doit être préservé du superflu, concentrer nos efforts sur les dépenses utiles, réguler les rémunérations sur la base de la pertinence.

Notre système favorise les rémunérations individuelles ou les prestations remboursées d'actes ou de produits de santé, au détriment des structures hospitalières qui assurent le service public et qui s'appauvrissent, comme le constatent tous nos concitoyens. D'autres pays ont fait des choix inverses, notamment certains pays du Nord, en privilégiant les structures du service public qui bénéficient à tous et notamment aux cas les plus graves, et en remboursant moins certaines prestations individuelles. Le principe serait de basculer d'une dépense difficilement régulée par l'Assurance maladie vers un investissement maîtrisé dans le système. La part de l'investissement dans les dépenses d'assurance maladie pourrait ainsi être fixée chaque année dans le vote du projet de loi qui fixe le plafond de l'ONDAM et être discutée par les parlementaires. Ce rééquilibrage entre la ville et l'hôpital, entre les dépenses de prestations individuelles et l'investissement, devrait être la grande réforme de l'Assurance maladie, conjointement à la modification du cadre conventionnel.

Le débat récurrent sur la Grande Sécu…

Qui ne s'est jamais agacé de remplir une feuille d'assurance maladie pour une prise de sang, qui aboutit au remboursement de 2,30 euros ? Ou ne s'est jamais senti inquiet en se demandant quelle part d'une hospitalisation ou de dépassements d'honoraires du chirurgien et de l'anesthésiste va être prise en charge par la mutuelle ? Et qui comprend quelque chose aux contrats responsables ? Effectivement, le système de remboursement des soins est devenu horriblement complexe.

Vous avez peut-être déjà entendu parler de la « Grande Sécu », notion qui revient régulièrement dans les médias. On appelle aussi cela « le décroisement ». L'idée est que les remboursements par la Sécurité sociale et les mutuelles sont aujourd'hui trop intriqués et que cela nécessite une simplification. De surcroît, l'Assurance maladie couvre déjà 78 % des soins, et la part du secteur complémentaire diminue, notamment du fait du nombre croissant de malades en ALD pris en charge à 100 %.

La question est donc : comment identifier ce qui doit revenir au secteur complémentaire de ce qui doit être du ressort de l'Assurance maladie ? Ce qui semble en théorie facile masque dans la pratique de très grandes difficultés : départager ce qui est grave de ce qui ne l'est pas (proposition souvent avancée, mais infaisable, car on ne sait qu'*a posteriori* ce qui est grave...) ou ce qui est utile de ce qui l'est moins (en se fondant sur les études et les évaluations scientifiques). Voire, pour certains, il conviendrait de reprendre le financement de la totalité des soins par l'Assurance maladie obligatoire (AMO), en basculant ce que nous payons aux complémentaires (et qui est déjà une dépense contrainte des ménages ou des entreprises) vers le secteur public...

Avant d'entrer dans le vif du sujet, peut-être est-il utile de partager avec vous ce qu'est un système de santé et comment on juge de sa performance.

Cela peut paraître simple : un système de santé a pour objectif de maintenir la population en bonne santé. Il repose pour cela sur des professionnels, des moyens financiers et techniques, et des organisations. Sa capacité à prendre en charge financièrement les problèmes médicaux de la population est assurée, selon l'OMS, par la couverture santé universelle, qui doit être une assurance publique proposée par les États. En France, elle est du ressort de la branche maladie de la Sécurité sociale et financée majoritairement par des cotisations sociales et la CSG, mais aussi par des transferts de montants financiers d'une branche à l'autre (par exemple, de la branche famille qui est excédentaire, car nous faisons moins d'enfants).

Une couverture publique de santé comme l'Assurance maladie se définit par trois dimensions : l'amplitude de la couverture de la population, les services couverts et donc remboursés, et le niveau de protection financière qu'elle offre. Le système français possède probablement l'une des couvertures publiques les plus abouties et protectrices au monde.

1) La première dimension est donc la part de la population couverte ; en France, il s'agit de la totalité de la population. Dans beaucoup de pays pauvres, cette couverture est nettement plus restreinte, par exemple réservée aux femmes enceintes et aux enfants. Et dans de nombreux pays libéraux, comme les États-Unis, le système de remboursement « public » est réservé aux franges extrêmement défavorisées (Obamacare, mis en place par l'administration Obama[13]), le reste de la population étant couvert par les assurances privées que

chacun est libre de souscrire. De même, dans les pays les plus pauvres, seules les classes moyenne et aisée voient leur prise en charge médicale assurée par des assurances privées, le reste de la population n'étant pas couvert…

2) La deuxième dimension est la taille du panier de soins ou les services remboursés par l'Assurance maladie. Là encore, en France, le panier de soins (médicaments, actes, consultations, etc.) remboursé est très large, couvrant tous les médicaments et actes thérapeutiques utiles, y compris la chirurgie la plus complexe, les greffes ou la thérapie génique. Il n'y a pas d'acte ou de traitement considéré comme utile par les professionnels qui ne soit intégré au panier de soins et ne fasse pas l'objet d'un remboursement. Dans de nombreux pays, les greffes ou les traitements du cancer ne sont pas remboursés, car considérés comme trop chers, laissant les assurances privées gérer les « hauts risques ». En France, *a contrario*, et c'est important de le comprendre, si des actes (par exemple, d'ostéopathie ou de chiropraxie) ou des traitements (par exemple, l'homéopathie ou des médicaments veinotoniques) ne sont pas remboursés, c'est qu'ils n'ont pas fait la preuve de leur efficacité et donc de leur utilité.

3) Enfin, la troisième dimension est le niveau des dépenses couvertes par le système d'assurance publique. Ainsi, dans notre pays, plus les traitements sont chers,

innovants et nécessaires à des patients gravement malades, plus le système de prise en charge financière est protecteur. Ainsi, dans le cadre d'un traitement anti-cancéreux, 100 % des malades auront accès à 100 % des médicaments les plus chers, s'ils sont définis comme utiles et nécessaires au traitement par la communauté scientifique. Dans un grand nombre de pays, on observe des choix inverses. Les traitements les moins chers et donc pour les maladies non sévères sont bien couverts par la couverture publique de santé, mais, en cas de maladie grave, la couverture est moins bonne, obligeant à des dépenses de nature privée importantes (directement de la poche des malades ou *via* des assurances complémentaires). Ce qui explique que, dans beaucoup de pays, des malades soient amenés à vendre leurs biens pour accéder à des innovations thérapeutiques leur offrant une meilleure chance de survie.

Aujourd'hui, si l'on reprend ces trois dimensions d'une couverture assurantielle de santé, on se rend compte à quel point les deux systèmes privé et public sont intriqués dans notre pays : plus de 95 % de la population française bénéficie d'une assurance complémentaire (si l'on prend en compte la complémentaire santé solidaire, C2S, qui assure les personnes aux revenus les plus faibles), et les complémentaires santé interviennent sur le même panier de soins que l'AMO. Le système est devenu très encadré et donc contraint pour les complémentaires santé, puisqu'elles remboursent les médicaments sur la base du taux de 15 %, 30 % ou 65 % de prise en charge par la Sécurité sociale, payent le ticket modérateur et certains dépassements d'honoraires (en revanche, elles ne remboursent pas les franchises visant à « responsabiliser » les assurés). Ainsi, elles n'ont plus beaucoup de marge de manœuvre, surtout au sein des contrats dits « responsables »[14], pour se différencier les unes des autres. Leur liberté d'action porte essentiellement sur les offres de services et de biens non concernés par l'Assurance maladie, c'est-à-dire qui, en pratique, n'ont pas fait la preuve de leur efficacité. C'est ainsi que l'on voit fleurir des offres de prise en charge de toute une série de « médecines alternatives » dites « douces » mais non validées au sens scientifique du terme (voire charlatanesques), permettant d'attirer un public qui apprécie ce type d'offres, au détriment du financement du système de santé.

La question de la couverture de nos soins et de nos médicaments par l'AMO ou les complémentaires santé est ainsi régulièrement posée. Il y a ceux qui souhaitent que toute la santé devienne du ressort de l'Assurance maladie, ce sont les partisans de la Grande Sécu ou, à l'inverse, ceux qui souhaiteraient plus de marge laissée au secteur privé assurantiel, prônant une liberté d'action face aux risques. Mais personne, aujourd'hui, n'émet décemment le vœu de se rapprocher du modèle

« tout public » anglais, avec sa très grande lenteur et ses difficultés d'accès aux soins, ou du modèle « tout privé » des États-Unis si profondément inégalitaire. La plupart des pays européens choisissent ainsi de reposer sur un système mixte. Quatre-vingts ans après la création de la Sécurité sociale, il convient de réfléchir aux différentes dimensions de la couverture et à l'équilibre qu'il convient d'instaurer entre ce qui est du ressort de l'AMO et du secteur assurantiel privé, en prenant en compte toutes les nouvelles réalités. Définir une ligne de partage équitable entre assurances publiques et privées ne peut être déconnecté des travaux portant sur les rémunérations des professionnels libéraux, de la tarification des établissements de santé et les coûts des innovations. Vaste chantier.

La financiarisation de la santé, la nouvelle tendance

Le laboratoire de biologie médicale en bas de chez moi a fermé il y a quelques années. La médecin biologiste qui le faisait tourner depuis trente ans a vu son outil de travail racheté par un grand groupe privé et a accepté d'en devenir salariée. Puis, quelques années plus tard, à mon grand dam, elle s'est fait licencier… C'est ainsi que je me suis retrouvée sensibilisée, avant même d'être ministre, à la financiarisation du système de santé.

Le système de santé français n'échappe pas à l'air du temps et notamment à la mondialisation et au capitalisme.

Dans les pays où l'offre d'hospitalisation privée occupe une place numériquement importante, comme c'est le cas en France, de grands groupes de santé ont émergé et des fonds d'investissement se sont intéressés à ce secteur d'avenir, fort de besoins en constante augmentation et où les coûts de prises en charge sont bien couverts par le secteur assurantiel public comme privé. On parle dorénavant de la financiarisation du secteur de la santé. Ce mouvement, qui s'est étendu à la biologie médicale et à la radiologie – deux secteurs où les professionnels ont douloureusement réalisé la perte de contrôle sur leur outil de travail –, a démarré au début des années 2000. Dans le secteur hospitalier privé, la recherche de rentabilité ou, de façon moins péjorative, la simple recherche d'un modèle rentable pérenne favorise des fusions ou des restructurations de cliniques pouvant aller jusqu'à des fermetures dans certaines régions, et tend à induire des choix stratégiques, comme développer telle ou telle spécialité en fonction de différents critères, notamment celui du niveau de remboursement de l'activité par l'Assurance maladie. Cette financiarisation et les stratégies des groupes redéfinissent aujourd'hui les contours de l'offre de soins au niveau territorial et, par certains côtés, inquiètent l'État régulateur, mais aussi opérateur de l'hôpital public, qui ne dispose pas de la même liberté de restructuration et doit assurer un service public. En effet, le secteur hospitalier public, qui garde une forte emprise nationale, est également soumis à de nombreuses contraintes et se retrouve, selon les périodes historiques et les choix politiques[15], mis en concurrence ou au contraire incité à la complémentarité avec le secteur privé, qu'il soit lucratif ou non. Sa spécificité résulte de son devoir d'accueillir tous les patients, indistinctement de leur niveau de complexité ou de vulnérabilité, de ses obligations de continuité de service, de la diversité des prises en charge qu'il se doit d'offrir (case-mix[16]) et qui ne lui permet que rarement une hyperspécialisation, et enfin de ses missions d'enseignement et de recherche, bien que, pour ces dernières, le secteur privé soit de plus en plus mis à contribution. Il lui est aussi reproché une moindre efficience en raison de lourdeurs administratives. Le sous-investissement récurrent dans les structures publiques depuis le début des années 2000 (même si un rattrapage a eu lieu depuis quelques années) et leur fort taux d'endettement rendent les hôpitaux souvent moins attractifs pour les professionnels, notamment en chirurgie, par rapport au secteur privé qui, lui, a recours à des capitaux privés pour financer ses besoins en matériel innovant ou simplement pour rénover les établissements, ce qui exacerbe les tensions entre les deux secteurs. Mais, désormais, même le secteur de l'hospitalisation privée peut faire face à des difficultés récurrentes d'investissement et semble de moins en moins rentable au vu des tarifs alloués.

Ainsi, l'évolution des besoins, des techniques et des modes de financement du secteur de l'hospitalisation, parallèlement aux tensions sur les ressources humaines qui touchent l'ensemble du secteur de la santé, soumet l'hospitalisation publique comme privée à de profondes contraintes, qui lui imposent de se réformer. L'orientation des choix politiques, que ceux-ci concernent les autorisations d'activité, les ressources humaines ou les tarifs hospitaliers, va avoir un impact considérable sur les évolutions des deux secteurs, leur attractivité, leur soutenabilité financière et leur part dans l'offre de soins.

Que ce soit pour l'hospitalisation privée, la biologie, la radiologie ou la radiothérapie libérales, secteurs où la financiarisation a pris de l'ampleur, la rentabilité est un enjeu majeur et il conviendra, à l'avenir, de trouver le bon équilibre entre le maintien d'une offre de soins diversifiée et la soutenabilité de ces activités, du point de vue de l'Assurance maladie.

7

Rester autonome… à quel prix ?

Si l'on se rapporte aux chiffres de l'INSEE, en 2024, environ 7 millions de personnes ont plus de 75 ans, et plus de 2 millions plus de 85 ans. Et dans seulement quinze ans, en 2040, la France comptera plus de 7 millions de personnes de plus de 80 ans, soit plus de trois fois plus qu'en 2000…

J'insiste sur ce chiffre : nous serons près de 7 millions de plus de 80 ans en 2040, soit 10 % de la population. Cela va commencer à se voir.

Serons-nous tous dépendants ? Quels sont les leviers pour agir ?

La perte d'autonomie, complication ultime des maladies chroniques

Contrairement à une idée communément admise, la perte d'autonomie n'est pas un phénomène inéluctable, qui guetterait l'ensemble de la population française vieillissante.

Scientifiquement parlant, les gériatres observent que l'on ne devient pas dépendant d'une tierce personne avant un âge très avancé, qu'ils estiment autour de 90, voire 95 ans, en l'absence de maladie. Surtout si l'on bénéficie d'un environnement adapté pour éviter les chutes, prendre appui dans une douche, bien entendre ou se faire livrer ses courses…

Un petit tour d'horizon des personnes âgées que vous connaissez rend compte de l'incroyable inégalité des femmes et des hommes face au vieillissement. Certaines ont bon pied bon œil à 85 ans et continuent leurs activités quasi quotidiennes, alors que d'autres ont déjà perdu une partie de leurs facultés cognitives ou sont très limitées dans leurs déplacements. Si des facteurs génétiques entrent en ligne de compte, notre mode de vie depuis l'enfance et notre état de santé à l'âge adulte jouent un rôle prédominant.

Ce sont en réalité les maladies chroniques et leur lot de complications à long terme, ou bien les maladies neurodégénératives de type Parkinson ou Alzheimer, qui aboutissent à une perte d'autonomie à des âges plus précoces. Quitter son domicile pour aller en EHPAD ou dépendre d'auxiliaires de vie avant 90 ans éclaire donc sur l'état de santé de la personne.

Or, l'âge médian de l'entrée en EHPAD est de 86 ans et les personnes y vivent généralement moins de deux ans. Cela signifie que la majeure partie des résidents en EHPAD sont atteints de maladies et que, de ce fait, les EHPAD ont de plus en plus besoin d'être médicalisés. Ce ne sont que rarement de simples maisons de retraite, comme à leur création.

Pour ceux qui souhaitent rester à leur domicile, il faut pouvoir compter sur des services variés : infirmiers libéraux, auxiliaires de vie, aides-soignants, livraison de repas par des associations ou par la mairie. Ces organisations complexes mettent à contribution les familles, qui doivent pouvoir pallier une défaillance impromptue ou un accident aigu. Mais, bien que la plupart de nos aînés espèrent pouvoir vieillir chez eux le plus longtemps possible, tout le monde n'a pas une famille proche en mesure d'organiser le maintien à domicile, et les aidants familiaux ont également leurs propres contraintes.

La loi « grand âge », qui devait voir le jour en 2020, avant que la pandémie de Covid-19 ne vienne percuter nos sociétés, actait du besoin de repenser les modes de logement des personnes âgées pour des solutions plus progressives. Des services à domicile repensés ou des résidences « autonomie » offrant un certain nombre de prestations simples (livraison de repas ou de médicaments, conciergerie, coiffeur, etc.) peuvent rassurer des personnes très âgées et leur famille, et garantir leur maintien dans un environnement moins médicalisé et nettement moins coûteux que les EHPAD qui, eux, se doivent de fonctionner 24 heures sur 24, 7 jours sur 7, avec les difficultés de recrutement mentionnées plus haut. L'état de dépendance pourrait être retardé avec des organisations adaptées.

Grâce aux progrès médicaux, les phénomènes de vieillissement de la population vont s'accélérant, et nous aurions tout intérêt à gérer cela bien en amont, plutôt que de nous reposer sur les futures générations qui n'auront pas forcément les ressources, les capacités ou l'envie de s'occuper de nous…

Et, quand bien même ils le souhaiteraient, il y a de quoi être inquiets quand on compare le nombre de personnes de plus de 90 ans, à l'horizon de vingt ans, avec le nombre actuel de naissances dans notre pays.

La prévention, meilleure arme contre la dépendance

Si la dépendance survient en raison d'une maladie sous-jacente, c'est plutôt une bonne nouvelle.

En effet, la prévention au sens large devient alors un outil majeur non seulement pour lutter contre les maladies chroniques, mais aussi pour vieillir en bonne santé et garder son autonomie jusqu'à un âge avancé.

Des données scientifiques nous donnent des raisons d'espérer. Dans une étude de 2024 portant sur 25 000 personnes, il apparaît que les sexagénaires d'aujourd'hui sont en meilleure forme que ceux des décennies précédentes[1]. L'étude démontre qu'une personne de 68 ans née en 1950 se porte mieux qu'une personne de 62 ans née en 1940, sur le plan cognitif, moteur, psychologique et sensoriel. L'amélioration s'expliquerait par l'accès à la médecine moderne, bien sûr, mais aussi par le mode de vie qui s'est amélioré dès l'enfance pour les générations les plus récentes, en matière d'alimentation, par exemple, et grâce au niveau d'éducation. Ainsi, contrairement à une idée bien ancrée, le risque de démence se réduit aujourd'hui de 13 % par décennie. Les auteurs concluent par un espoir : « Peut-être que 70 ans, c'est le nouveau 60 ans. » Ce qui n'est pas sans conséquences pour l'avenir.

L'isolement, ce fléau du siècle

Nous faisons moins d'enfants, nous divorçons plus fréquemment, les familles s'éparpillent et le nombre de personnes isolées et âgées ne fait qu'augmenter. Or, l'isolement favorise la dépression et le risque de déclin cognitif.

La société, de ce côté-là, se porte de plus en plus mal. Selon le baromètre 2021 des Petits Frères des pauvres, 2 millions de personnes âgées vivraient isolées des cercles de sociabilité (famille, amis, voisins, associations), contre 900 000 en 2017. Et 530 000 seraient en situation de mort sociale, c'est-à-dire sans aucun lien avec leurs famille, amis, contacts professionnels, voisinage ou associations.

Plusieurs études sérieuses montrent même que le simple fait d'avoir un chien après 65 ans réduit les maladies cardiovasculaires et allonge la durée de vie de quelques années et, cela, indépendamment de la longueur des promenades. Les explications avancées seraient que ces promenades favoriseraient les interactions sociales et réduiraient l'anxiété…

Si ce dernier exemple peut faire sourire, il n'en reste pas moins que la lutte contre l'isolement devrait faire résolument partie des politiques publiques de prévention de la perte d'autonomie. Or, il n'y a pas à l'échelon national de prise de conscience de ce fléau au quotidien[2] ni même à l'échelon local, excepté certaines villes qui s'en sont emparées. Et une grande partie du travail de lien social repose aujourd'hui sur quelques associations et les centres d'action sociale. Malheureusement, ces derniers, très axés sur la lutte contre la pauvreté, ne parviennent pas à répondre aux besoins plus généraux de lutte contre l'isolement, notamment dans les grandes villes.

« Le travail, c'est la santé »

Si vous vous prenez souvent à rêver de ralentir votre activité, il peut être utile, outre l'aspect financier, de peser le pour et le contre en termes de santé. Et de tirer les conséquences des études sur le sujet.

En 1950, l'espérance de vie à la naissance était de 63 ans pour les hommes et de 69 ans pour les femmes. Pour beaucoup, la retraite survenait peu avant la mort.

Cinquante ans plus tard, en 2000, l'espérance de vie à la naissance était de 75 ans pour les hommes et de 82 ans pour les femmes. Et, en 2024, l'espérance de vie en France continuait d'augmenter puisqu'elle était de 79 ans pour les hommes et de 85 ans pour les femmes.

Nous avons donc collectivement gagné seize ans d'espérance de vie depuis l'après-guerre.

Plus parlants encore sont les chiffres issus de l'enquête du ministère de la Santé de 2022, publiée par la DREES en 2024. Ils concernent l'espérance de vie sans incapacité et montrent que, lorsqu'on atteint l'âge de 65 ans, on peut espérer vivre en pleine possession de ses moyens encore douze ans pour les femmes et dix ans pour les hommes.

Est-ce un argument suffisant pour justifier de travailler plus longtemps ? C'est un débat qui mérite d'être posé, et pas seulement pour des raisons d'équilibre de notre système de retraite par répartition.

Si certaines personnes se tuent littéralement au travail en raison de métiers particulièrement physiques et éprouvants, responsables de pathologies, d'autres, au contraire, notamment ceux qui ont des métiers plus intellectuels, pourraient poursuivre une activité professionnelle plus longtemps. En effet, des départs à la retraite mal préparés, trop brutaux ou trop précoces exposent à un risque de sédentarité accru et d'isolement qui, comme on l'a vu précédemment, sont des facteurs néfastes pour la santé.

Évidemment, d'aucuns rappelleront immédiatement que le travail peut aussi créer des situations défavorables pour la santé, des incapacités, des burn-out ou des maladies professionnelles. Nul besoin de le nier, mais mon point de vue est celui de la santé publique à l'échelon d'une classe d'âge. La mise à la retraite précoce, surtout lorsqu'elle n'est pas souhaitée, n'est pas forcément bénéfique sur le moyen ou long terme, notamment en l'absence d'activités physique ou psychique régulières, et de liens sociaux, nombreux, qui ont intérêt à perdurer.

Dans certains pays comme le Japon ou les États-Unis, les personnes âgées sont régulièrement amenées à travailler après 70 ans, essentiellement pour des raisons financières, mais elles disent y trouver un facteur de valorisation et d'« utilité sociale ». Pour décrire ce nouvel état, a été inventé le concept d'« activutilité ». Ce sentiment est bien entendu très personnel et il est heureusement possible de s'épanouir en dehors du travail.

Le bon message en matière de santé est donc de garder une activité le plus longtemps possible, quelle qu'elle soit, dans le monde professionnel, associatif ou en connexion régulière avec les autres.

Le changement de paradigme que nous vivons dans les sociétés occidentales, avec une démographie qui s'inverse progressivement, la proportion de personnes âgées devenant supérieure à celle des moins de 20 ans, va nous obliger à repenser les fins de carrière. Si les entreprises tendent encore à éjecter les « seniors de 50 ans », le plus souvent pour des raisons de coûts des salaires, la tendance doit impérativement s'inverser. C'est une urgence sociétale. Maintenir les seniors dans l'emploi en aménageant les temps de travail, en utilisant les temps partiels ou sur des postes adaptés, envisager des départs à la retraite plus progressifs et allonger la durée de maintien dans un emploi vont devenir des nécessités pour notre système de Sécurité sociale. Mais, au-delà des cotisations nécessaires à notre système de protection sociale dont tout le monde parle, ce ne sera pas perdant pour notre capacité à vieillir en pleine autonomie.

Ralentir la perte d'autonomie, une question d'environnement...

Souffrez-vous d'un handicap ? Peut-être pas encore mais, en vieillissant, une incapacité physique ou sensorielle pourrait survenir et faire obstacle à une vie autonome en société. Néanmoins, tout comme le handicap, la perte d'autonomie ne s'évalue pas *per se* mais au sein d'un environnement donné. Un handicap important dans un certain contexte peut s'avérer pratiquement imperceptible dans un autre, si le milieu de vie est adapté au type d'incapacité. À titre d'exemple, une arthrose avancée du genou est plus invalidante si vous habitez au cinquième sans ascenseur ; à l'inverse, une surdité est imperceptible si vous êtes correctement appareillé.

Ainsi, que ce soit pour des difficultés de mobilité, une perte partielle de la vision ou de l'audition, un manque de force physique lié à l'âge, l'adaptation du cadre de vie et l'accès à des équipements correctifs peuvent tout à fait compenser pendant plusieurs années des incapacités liées au vieillissement. En évaluant de façon individuelle ces difficultés, il est possible de mettre en place un environnement approprié qui va permettre à la personne de rester à son domicile sans que cela ne devienne trop dangereux ou anxiogène.

Retirer les tapis, construire une douche à l'italienne, mettre en place une aide à domicile, prévoir une alarme au poignet en cas de chute ou de malaise au domicile, s'inquiéter des escaliers et adapter le logement devraient être des mesures systématiques à partir d'un certain âge. Identifier les risques et proposer des solutions adaptées sont l'objectif de la consultation de prévention après 60 ans. Et s'il n'est jamais trop tard pour agir, attendre une chute ou un déclin cognitif avant d'adapter le logement sera beaucoup moins efficace pour prévenir la perte d'autonomie.

Au-delà du domicile, les personnes âgées devraient également pouvoir sortir de chez elles sans prendre de risques, que ce soit pour faire leurs courses ou socialiser, et l'espace public doit donc être pensé pour les sécuriser et devenir nettement plus accueillant. Que n'ai-je râlé contre la mairie de Paris qui, voulant réduire le nombre de SDF dans l'espace public, a progressivement supprimé les bancs Davioud (ces jolis bancs ayant des pieds en fonte et dont l'assise est faite de planches de bois peintes en vert). Mon père, que j'emmenais régulièrement se promener en bas de chez lui, avait besoin, l'âge avançant, de faire une pause et de s'asseoir tous les 150 mètres. Quand les bancs ont disparu, il a cessé de se promener. Ainsi, cette simple préoccupation de permettre aux personnes âgées de profiter de l'espace public n'est, pour l'instant, pas partagée par l'ensemble des collectivités territoriales.

En 2050, nous serons 7 millions de Français de plus de 85 ans (soit trois fois plus qu'en 2024). Mais plus parlants encore sont les chiffres des centenaires : la France en comptait 8 000 en l'an 2000, elle en comportera près de dix fois plus en 2040 (75 000), soit dans moins de quinze ans, et encore plus du double en 2060 !

Nous avons donc tout intérêt à retarder au maximum le moment où la personne âgée aura besoin de l'aide d'une tierce personne, voire d'un placement en institution médicalisée, au risque que les jeunes générations ne réussissent pas à répondre à ces besoins humains d'accompagnement... Et si certains pays comme le Japon font d'ores et déjà appel à des robots, cela ne fait pas rêver...

C'est la raison pour laquelle, face à la charge attendue liée au vieillissement de la population, penser l'environnement de façon adaptée aux seniors, leur permettre d'affronter l'espace privé comme public sans se sentir en danger ou en impossibilité d'être seuls sont des absolues nécessités. Cela va de la taille des lettres sur les emballages ou des étiquettes dans les supermarchés (cette demande est mon appel à l'aide personnel aux industriels des shampoings et gels douche...) à la hauteur des trottoirs, à la sécurité des passages cloutés, en passant par les bancs en ville pour pouvoir s'asseoir, jusqu'à l'adaptation des logements. Ce qui caractérise également le vieillissement, c'est un ralentissement des mobilités. Certaines villes ont mis en place des espaces publics ou des transports mieux adaptés : elles appartiennent au réseau des « Villes amies des aînés ». Elles restent à ce jour insuffisamment nombreuses, quand on observe de près la démographie française. De même, habituer les plus jeunes au vieillissement par des structures intergénérationnelles, qui font se confronter des générations variées, est absolument vital. Nous avons un retard considérable dans tous ces domaines par rapport à d'autres pays.

Lutter contre le regard assez péjoratif porté en France sur les vieux – que l'on appelle « l'âgisme » – n'est pas non plus une priorité d'action publique, comparé à d'autres pays. Par exemple, le Japon, qui a récemment dépassé le cap fatidique de 10 % de sa population âgée de plus de 80 ans, a mis en place une politique publique pour changer la perception de cette génération, ainsi que des politiques sociales particulièrement adaptées. Chez nous, le déclassement lié à l'âge n'a malheureusement pas évolué ces dernières années, bien au contraire.

De fait, il existe un déni généralisé face au mur qui se dresse devant nous. La prévention de la perte d'autonomie n'est pas une préoccupation prioritaire du système de santé, ni de la société. Aucun texte de loi à l'horizon, aucun débat au Parlement, alors qu'on ne parle que de la fin de vie et de « mourir dans la dignité ». Vieillir dans la dignité devrait, il me semble, être traité avec une égale urgence dans l'agenda législatif. Face au déni, je me demande régulièrement : qu'espérons-nous ?

8

La prévention, priorité nationale

La prévention est sur toutes les bouches et à juste titre.

Elle est l'*alpha* et l'*oméga* pour réduire les risques pour la santé, diminuer ainsi les dépenses dues aux maladies et nous permettre d'aborder la longévité sans trop d'inquiétudes pour notre autonomie.

On entend régulièrement à l'Assemblée nationale qu'on ne met pas assez d'argent sur la prévention dans les dépenses de santé (la fameuse enveloppe votée chaque année au Parlement dans le cadre des lois de financement de la Sécurité sociale), que notre système de santé est trop curatif et pas assez préventif ou que la Caisse nationale d'assurance maladie devrait s'appeler Caisse nationale d'assurance santé…

Une évidence, me direz-vous !

Je ne le pense pas. Car la prévention dans son sens premier n'est pas du ressort du système de santé, ni même de la responsabilité des professions de santé.

Moi-même, un temps, j'y ai cru. En 2018, j'ai même lancé un plan national appelé « Priorité prévention », qui proposait quelques bonnes mesures. Mais j'ai réalisé avec le temps que nous faisions collectivement fausse route, ou plutôt que cette vision très médicalisée de la prévention est notoirement insuffisante pour nous maintenir en bonne santé.

Les professionnels de santé en première ligne

Certes, les soignants sont aux premières loges des dégâts de notre mode de vie et voient entrer, dans leurs cabinets ou officines, des millions de nos concitoyens tous les jours. Ils sont donc à même de leur donner un certain nombre de conseils d'hygiène de vie, d'alimentation, de repérer les facteurs de risques de maladies, voire de dépister des pathologies débutantes. C'est de leur responsabilité de préserver la santé de leurs patients.

Mais, en réalité, ils sont en responsabilité pour tout ce qui relève de la vaccination préventive ou de la prévention secondaire, celle qui concerne l'identification de facteurs de risques, comme l'hypertension, ou de maladies débutantes, comme des lésions précancéreuses ou cancéreuses à un stade précoce, la détection d'un prédiabète, de signaux qui évoqueraient une pathologie – ce qu'on appelle dans le langage courant « faire un dépistage ».

Mais dès que l'on évoque les modes de vie ou les comportements qui jouent sur les grands déterminants de la santé dans nos sociétés que sont la sédentarité ou encore le surpoids, l'alimentation, l'environnement, l'alcool ou le tabac, au-delà des conseils de diététique ou d'activité physique et de prescrire des aides au sevrage, les professionnels de santé sont en fait assez désarmés. Car, entre le bon conseil, même explicité et régulièrement renouvelé, et le passage à l'acte, il y a un monde. Et les injonctions de bien faire ne suffisent pas. Pour un passage de la parole aux actes, il faut un environnement qui y incite et le facilite. Ainsi, dire à quelqu'un en surpoids d'aller au travail à vélo ne trouvera une concrétisation que s'il existe des pistes cyclables sécurisées. Manger des légumes et arrêter la nourriture ultra-transformée impliquent une restauration collective qui le propose ou des revenus importants. Réduire sa consommation d'alcool lorsqu'on a besoin de socialiser dans son travail expose à un risque de moquerie, voire de discrimination. Et ainsi de suite… C'est donc un environnement adapté qui permet la prévention primaire et la promotion de la santé, même lorsqu'il s'agit de nos comportements.

Une revue récente, reprenant 57 études scientifiques de qualité sur le lien entre prévention de la sédentarité et bénéfices en santé publique, montre que le fait de marcher 7 000 pas par jour suffit à réduire de 47 % la mortalité toutes causes confondues, de 25 % les maladies cardiovasculaires, de 47 % la mortalité cardiovasculaire, de 14 % le diabète de type 2, de 37 % la mortalité par cancer, de 38 % le risque de démence, de 22 % celui de dépression et de 28 % celui de chute. Le message de santé publique le plus puissant en prévention devrait donc être : « Marchez ! » Mais, là encore, quelle que soit la bonne volonté des professionnels de santé, inciter les gens à marcher implique qu'ils disposent de transports en commun, de trottoirs en bon état pour se rendre à leur lieu de travail, et du temps dédié (une heure de marche par jour environ). C'est toute une société qui doit se mobiliser et s'organiser pour faciliter cette injonction scientifiquement très robuste. Et apparemment si simple…

Les déterminants majeurs de la santé, qui sont responsables de la majorité des maladies chroniques ou des cancers, relèvent finalement de tous les ministères, sauf celui de la Santé. Il est aujourd'hui admis que le système de soins en tant que tel ne pèserait que pour 10 à 20 % sur l'état de santé d'une population. Au niveau mondial, se développe le concept « One Health » qui considère que santé humaine, santé animale et santé de la planète sont profondément interdépendantes et nécessitent une approche globale.

La prévention, priorité nationale

En l'intitulant ministère de la Santé et de la Prévention en 2022, le gouvernement a voulu donner le signal que le tournant de la prévention était enfin pris, au risque de rater le vrai virage qui relèverait d'une réelle priorisation intergouvernementale. La promotion de la santé devrait un jour sortir du ministère de la Santé et devenir la « grande cause nationale », promue dans toutes les politiques publiques.

Les consultations de prévention

Ainsi, fidèles à l'adage selon lequel on se préoccupe plus souvent du symptôme au lieu de poser le bon diagnostic, il a été acté en 2022, avec la bénédiction des représentants des médecins qui pensaient bien faire et souhaitaient s'y impliquer, qu'il nous fallait plus de prévention dans notre système de santé trop curatif. Pour cela, il a été instauré des consultations de prévention remboursées à des âges clefs de la vie.

Par décret, mais sans évaluation du bien-fondé, de l'utilité, des effets pervers, du coût/bénéfice, l'Assurance maladie prend ainsi dorénavant en charge des consultations de prévention. Cette décision intuitive manque malheureusement de fondement scientifique, car, si le bon sens laisse à croire que parler de prévention lors d'une consultation peut avoir un intérêt, encore faut-il le démontrer... En effet, des biais et des risques existent que ces consultations n'apportent pas ou peu de bénéfices pour améliorer l'état de santé de la population.

Tout d'abord, ces consultations sont plus longues qu'une consultation habituelle et ne se superposent pas à une consultation standard qui nous amène pour une maladie. Elles font l'objet d'un cadrage et d'un guide d'entretien afin de ne pas passer à côté des bonnes questions. Il faut donc du temps médical dédié. Et du temps médical accessible, au bon endroit, pour ceux qui en ont le plus besoin. Vous voyez où je veux en venir...

Il faut ainsi être sûr que l'on atteint les populations cibles, celles qui sont les plus éloignées du système de santé. À l'évidence, ce n'est pas gagné. D'ailleurs, les expériences que nous avons, avec les dépistages organisés et gratuits des cancers ou les invitations à se faire vacciner contre la grippe, révèlent que les pouvoirs publics ont des difficultés à toucher ces publics les plus à risque, même en essayant de cibler les messages. Ceux qui en bénéficient le plus sont déjà les plus informés, ce qui réplique les inégalités sociales de santé contre lesquelles les autorités cherchent désespérément à lutter.

Outre le fait de ne pas atteindre ceux qui en auraient le plus besoin, des risques existent, notamment celui de fausse réassurance sur l'état de notre santé, qui nous amènerait à faire des écarts de comportement par la suite.

Enfin, comme expliqué précédemment, si cette consultation sera certainement utile pour la prévention secondaire – celle qui permet au médecin de détecter précocement des facteurs de risques ou des maladies, et de vérifier que le calendrier vaccinal est à jour –, il est démontré que les conseils comportementaux donnés sont rarement suivis d'effet. Car il faut beaucoup d'incitations positives et un environnement favorable pour faire du sport, manger sainement, arrêter de boire ou de fumer.

Heureusement, en parallèle, la Caisse nationale d'assurance maladie est en train de développer un outil de prévention plus personnalisée, à partir de ses propres bases de données. Il me semble qu'une telle approche serait plus utile, à l'avenir, pour alerter les patients (ou leur médecin) qu'ils ne sont pas à jour d'un dépistage ou de leur calendrier vaccinal. Les évolutions de la génétique et de la connaissance de la susceptibilité à certaines maladies devraient également permettre, dans les années qui viennent, de mieux cibler des conseils de prévention et d'être ainsi plus efficaces que les grandes campagnes de prévention que nous menons actuellement. Faisons en sorte que ces deux approches complémentaires se déploient rapidement en identifiant auprès des professionnels les bonnes incitations à agir.

Un budget de prévention, pour qui ? pour quoi ?

Aujourd'hui, la part des dépenses de santé liée aux maladies chroniques (santé mentale incluse) représente les deux tiers des dépenses de santé. C'est donc près de 8 % de notre PIB qui est alloué à prendre en charge des pathologies, dont la plupart seraient évitables ou retardées avec des politiques de prévention plus volontaristes.

Fort de ce constat, et actant que la France a un système de santé trop curatif et pas assez préventif, le débat récurrent au Parlement porte sur le financement de la prévention. En effet, nous y allouons autour de 2 % des dépenses de l'Assurance maladie, ce qui est bien moindre que la plupart des pays de l'OCDE, même si ce budget est en augmentation chaque année. Mais il est en réalité très difficile de pister ces dépenses et il s'agit d'une réelle approximation. Elles ne bénéficient pas d'une catégorie à part et sont réparties au sein du financement des agences sanitaires qui font des campagnes grand public (comme celles de dépistage des cancers par l'Institut national du cancer ou en faveur de la vaccination antigrippale par Santé publique France), comme au sein des établissements médicaux et médico-sociaux, qui organisent par exemple la lutte contre les addictions. Elles financent également les nouvelles consultations de prévention réparties aux différents âges de la vie, les techniques de dépistage des cancers (tests immunologiques pour repérer les polypes ou le cancer colorectal, tests de PCR HPV pour détecter le cancer du col de l'utérus ou des lésions précancéreuses, et mammographies pour dépister précocement le cancer du sein) ainsi que les vaccins. Elles financent enfin des actions de recherche visant à promouvoir une prévention efficace, par exemple dans le domaine de la nutrition. Il existe en plus de ces financements un fonds dédié géré par la CNAM, alimenté par les taxes sur le tabac notamment. Il faut y ajouter, bien que ce soit en dehors du périmètre de la Sécurité sociale, tout ce qui est prévention au travail et au sein de l'Éducation nationale. Bref, difficile d'y voir clair.

Ce qui amène à se demander : faut-il plus d'argent pour la prévention ? Qui doit en bénéficier et pour faire quoi ?

Si avoir plus de fonds pour atteindre son objectif est toujours de bon aloi, je ne suis pas certaine qu'il faille renforcer les grandes campagnes de prévention dans les médias. Le retour sur investissement est en général très faible. Aujourd'hui, les messages grand public ne passent plus très bien, même si certaines campagnes sont plus réussies que d'autres et marquent les esprits (comme celles qui ne manquent pas d'humour ou celles qui incitent à manger cinq fruits et légumes par jour, que tout le monde connaît dorénavant). En réalité, tout démontre que les messages doivent être adaptés à chaque public. Cette stratégie plus personnalisée s'appelle le marketing social. C'est ainsi qu'en Californie les campagnes antitabac à destination des femmes ont choisi de communiquer sur le risque accru de rides... Alors qu'en France la préoccupation majeure qu'elles expriment en cas d'arrêt du tabac est la peur de prendre du poids. Mais, toujours en ce qui concerne notre exemple, le tabac, au-delà du ciblage des campagnes en fonction du public visé, n'importe quel professionnel de santé formé, comme les infirmiers ou les kinésithérapeutes qui voient de nombreux patients tous les jours, doit pouvoir donner des conseils d'arrêt et participer au sevrage tabagique. C'est ce que nous avons encouragé il y a quelques années, en autorisant les prescriptions de sevrage au-delà de la profession médicale et en augmentant considérablement le taux de remboursement de ces dispositifs.

Pour les dépistages organisés des cancers (sein, colorectal et col de l'utérus), notoirement trop peu suivis en France par rapport à d'autres pays, alors qu'ils pourraient sauver des milliers de vies par an, là encore les messages doivent être bien calibrés (expliquant les bénéfices et les risques) et en mesure d'atteindre les populations les plus éloignées du système de santé.

Mais il apparaît surtout que, lorsque l'incitation à participer au dépistage vient du médecin traitant, elle est infiniment plus efficace que si l'information vient des pouvoirs publics, même par le biais de courriers personnalisés. Or, en fonction des praticiens et des zones géographiques, ces incitations à participer aux dépistages organisés et gratuits sont proposées de façon trop irrégulière. De nouveau, une rémunération qui s'attacherait à participer à des objectifs de santé publique – en l'occurrence, dans notre cas d'espèce, de réaliser de la prévention secondaire, dont l'utilité a été démontrée – serait beaucoup plus efficace pour l'efficience du système que d'ajouter de l'argent dans une ligne prévention de l'ONDAM pour financer des campagnes médias au sein d'une agence sanitaire.

Enfin, comment favoriser la promotion de la santé dans toutes les politiques publiques ? Les dépenses de l'Assurance maladie ont-elles vocation à financer de l'activité physique en salle de sport, comme certains l'évoquent régulièrement, de l'éducation à la santé à l'école ou une alimentation plus saine ?

Il me semble que l'on commencerait là à s'éloigner du pacte implicite qui lie la Sécurité sociale aux citoyens. L'esprit de cet organisme lors de sa création, il y a quatre-vingts ans, était de couvrir les risques, au sens très large du terme, qui peuvent faire basculer la vie quotidienne des familles et leur pouvoir d'achat (vieillesse, chômage, accident du travail ou maladie professionnelle). Cela avait été pensé comme un filet de sécurité assuré par la solidarité nationale, un amortisseur du quotidien permettant de garder confiance en la vie et d'avoir une chance de rebondir après un événement douloureux (perte d'emploi, accident ou maladie...) ou un départ à la retraite.

Nous n'avons cessé, depuis, d'élargir l'accès à des droits que nous commençons à avoir du mal à couvrir financièrement. Les dépenses sociales représentent aujourd'hui 50 % de nos dépenses, au détriment des investissements que nous devrions faire pour nos enfants, pour l'avenir. Jusqu'à quel point nos comportements doivent-ils être couverts par l'Assurance maladie ? C'est une question fondamentale. Il me paraît plus normal que l'État finance les politiques publiques utiles à la santé de sa population et investisse dans les transports, le logement, l'alimentation ou l'éducation à l'échelon populationnel, plutôt que de rembourser encore aux assurés sociaux de nouveaux droits individuels.

Ainsi, pour s'attaquer aux grands déterminants de santé responsables des maladies chroniques, les dépenses de prévention primaire et de promotion de la santé seraient plus efficaces, pour préserver l'avenir, si elles se retrouvaient fléchées dans l'ensemble des politiques publiques assurées par l'État ou les collectivités territoriales. L'Assurance maladie devrait se concentrer sur la prévention sous la responsabilité des médecins, comme les vaccins, ou la prévention secondaire (détection précoce des facteurs de risques et dépistages) et tertiaire (atténuer les conséquences de maladies ou prévenir les rechutes), en lien avec les professionnels et le système de santé.

9

Les médicaments et leurs dérives

Pour qu'un système de santé fonctionne, il faut bien entendu des professionnels, des organisations adéquates, des financements suffisants, mais également tout un tas de produits manufacturés ou biologiques qui participent au processus de diagnostic ou de traitement. On peut ainsi citer des équipements médicaux et chirurgicaux en tout genre, des tests biologiques, des machines d'imagerie médicale, des dispositifs médicaux implantables ou non, des médicaments et, finalement, des innovations qui, au quotidien, vont permettre de délivrer des soins adaptés.

Dans cette liste de produits, les médicaments sont le plus souvent sur le devant de la scène, car c'est ce qui est le plus visible dans le quotidien de chacun d'entre nous et, objectivement, ils sont à l'origine des principaux progrès médicaux du siècle dernier qui ont permis l'allongement de la vie. Les dépenses de médicaments en ville (celles à l'hôpital sont incluses dans les tarifs et plus difficiles à suivre) représentent 33 milliards d'euros en 2024 et augmentent depuis trois ans de plus de 4 % par an, après six ans de baisse consécutive. Aujourd'hui, il est cependant largement admis que nous consommons trop de médicaments en France, notamment trop de psychotropes comme trop d'antibiotiques, en comparaison des autres pays. Il convient donc de réussir à mieux réguler ce secteur et les prescriptions médicales pour réduire le coût pour la société, mais aussi le risque d'antibiorésistance à long terme et tous les effets secondaires individuels inhérents à cet usage très large.

Le rôle important des pharmaciens

À titre d'illustration de la présence des médicaments dans nos vies, les 20 000 pharmacies françaises voient passer environ 4 millions de personnes par jour…

Outre les compétences indéniables des pharmaciens, issues de leur formation, ces chiffres justifient de considérer leur rôle comme central dans le système de santé français. Tout au long de mes années au ministère, je n'ai eu de cesse de renforcer leurs prérogatives dans le champ de la santé publique, au bénéfice des patients et des territoires que ces officines desservent.

Bizarrement, les revenus des pharmaciens d'officine ont longtemps été associés à la quantité de médicaments vendus, ce qui n'était pas très vertueux face à notre consommation trop abondante. Il suffit de regarder le nombre de boîtes que chacun de nous détient pour réaliser la marge d'économies qui existe dans ce secteur.

Ainsi, leur donner des missions de santé publique et renforcer leur rôle de soignants dans les prises en charge, comme le conseil pharmaceutique lors de la délivrance d'un produit, le soin d'évaluer les risques d'interactions médicamenteuses sur des ordonnances complexes, la possibilité d'effectuer la vaccination antigrippale ou contre le Covid-19, ont permis de réduire cette part de revenus liée au nombre de boîtes vendues. Il faut poursuivre ce mouvement et notamment veiller, d'une façon ou d'une autre, à ce que les rémunérations, voire des forfaits particuliers, préservent les pharmacies de proximité dans les territoires les plus en difficulté, car ce sont souvent les portes d'entrée des usagers dans le système de santé.

Par ailleurs, il est régulièrement discuté au Parlement de la dispensation des médicaments à l'unité dans les officines, ce qui permettrait à l'évidence d'éviter la gabegie. Certes, beaucoup de boîtes contiennent un nombre de comprimés qui ne correspond pas aux durées médianes de traitement, ce qui aboutit à cette accumulation de produits dans nos pharmacies individuelles. L'idée semble donc séduisante et on s'étonne qu'elle ne soit toujours pas mise en œuvre. Mais, malheureusement, plusieurs arguments plaident contre cette évolution en France. La première est la nécessité de tracer les produits pharmaceutiques en cas de problème, traçabilité qui disparaît dès que l'on sort les gélules de leur boîte. Cela nécessite des installations particulières dans les officines, avec un coût important s'il fallait équiper les 20 000 pharmacies de l'Hexagone. Ensuite, sans les boîtes, les personnes âgées sont exposées à des risques d'erreurs de posologie et ceci obligerait donc les pharmaciens à disposer les produits dans des piluliers journaliers bien organisés, ce qui consomme du temps. De surcroît, la majorité des médicaments sont administrés au long cours, plusieurs mois, années ou à vie, pour des patients porteurs de maladies chroniques. Dans ce cas de figure, la dispensation à l'unité n'a absolument aucun intérêt. Enfin, les quelques expérimentations sur le terrain, pour tester différents dispositifs, se sont révélées trop complexes et peu efficientes. L'ensemble de ces raisons a abouti à ce que la France ne choisisse pas pour l'instant cette formule.

Mais les débats ne s'arrêtent pas là. La dernière réflexion en date portant sur ce secteur clef de notre système de santé concerne la possibilité de vente en ligne des médicaments ou leur vente dans les supermarchés, comme le prônent des acteurs importants de la grande distribution. Je me souviens d'une discussion tendue avec la présidente de l'Autorité de la concurrence, lorsque j'étais ministre. Elle m'expliquait que les pharmaciens étaient une profession réglementée disposant d'un monopole sur la vente des médicaments et qu'il convenait de le casser afin de faire baisser les prix ! Drôle de raisonnement, vu du ministère de la Santé. En effet, heureusement que les pharmaciens sont une profession réglementée, disposant d'un diplôme, d'un code de déontologie, d'une autorisation d'installation au même titre que de nombreuses professions de santé… On ne souhaite pas vraiment qu'il en soit autrement, et on leur demande surtout de continuer à être présents sur l'ensemble du territoire et à dispenser des conseils pharmaceutiques.

Ensuite, passons à la question du monopole et du prix. En France, le prix des médicaments remboursés par l'Assurance maladie est fixé par l'État lors d'une négociation avec les industriels. Il n'y a aucun moyen de le faire baisser sous prétexte qu'on le vendrait en dehors d'une pharmacie et, de toutes les façons, les Français sont remboursés sur ces produits. Cet argument de la baisse du prix ne concerne donc que les médicaments non remboursés, c'est-à-dire, par principe, à valeur thérapeutique faible, voire inexistante sur le plan scientifique. Ce sont des médicaments qui n'ont pas d'intérêt prouvé pour la santé, sinon ils seraient remboursés… Et l'État n'a rien à gagner à ce que les Français consomment plus de produits pharmaceutiques, potentiellement responsables d'effets secondaires ou d'interactions médicamenteuses, puisque tout l'objectif est, au contraire, que leur consommation diminue… La vente en ligne[1] comme la vente en supermarché et la baisse possible des prix participeraient à la surconsommation de produits pharmaceutiques que nous souhaitons à tout prix éviter.

La seule exception à cette règle concerne des médicaments tels que l'aspirine, l'ibuprofène ou le paracétamol, qui peuvent être vendus soit sur ordonnance, et donc remboursés, soit hors prescription médicale, devant le comptoir. Mais étant génériqués depuis longtemps, leur coût est déjà extrêmement faible. L'intérêt de maintenir leur vente en pharmacie est que le pharmacien peut vérifier que leur consommation est compatible avec les autres traitements en cours, car ils sont loin d'être anodins, et de faire bénéficier le patient d'un conseil pharmaceutique.

Face à cette demande d'une forme de libéralisation de la vente des médicaments, on se demande comment le ministère des Finances, tutelle du ministère de l'Industrie mais aussi de celui du Budget, gère cette contradiction apparente de devoir faire vivre et prospérer un secteur marchand et de chercher dans le même temps à réduire les dépenses de santé inutiles… Peut-être devrait-il se souvenir que la grande majorité des produits manufacturés de la santé, notamment les médicaments, ne sont pas produits par des entreprises françaises et que favoriser la concurrence des prix ne bénéficiera pas, de toute façon, à notre secteur industriel.

Préservons le métier de pharmacien. Permettons-leur d'accroître leur rôle de professionnels de santé sur les territoires, en lien avec ces pratiques pluriprofessionnelles qui se développent partout. Modifions progressivement le modèle de leur rémunération pour le déconnecter du nombre de boîtes vendues. Ce sont des professionnels de santé de proximité auxquels les Français font confiance et les citoyens en ont bien besoin.

Pénuries de médicaments, un problème récurrent

En 2018, quelques pénuries retentissantes avaient mobilisé les associations de malades, le ministère et de nombreux médias. Leur fréquence signalait une accélération des ruptures de stock, phénomène rare il y a encore dix ans. Je me souviens notamment du manque de corticoïdes, médicament absolument vital pour beaucoup de maladies, au cours d'une pénurie qui touchait le monde entier. En tracer la cause nous avait permis de comprendre que le principe actif chimique, à l'origine du médicament, était fabriqué dans une seule usine en Chine, pour être ensuite livré dans différentes entreprises pharmaceutiques mondiales qui le commercialisaient alors sous différentes formes galéniques (ampoules buvables, comprimés effervescents, gélules) et différents dosages. Lorsque l'usine chinoise s'était trouvée à l'arrêt pour un incident, toute la chaîne d'approvisionnement en avait été impactée, mettant en tension le monde entier.

Depuis 2020, le phénomène a pris une ampleur folle. Pour moins d'une cinquantaine de ruptures signalées par an lorsque j'étais ministre, et malgré le plan de lutte que nous avions porté avec le Premier ministre à l'époque, en 2018, obligeant notamment les industriels à constituer des stocks de plusieurs semaines et sanctionnant les contrevenants, on a comptabilisé jusqu'à 800 produits en pénurie en 2022 et 2023. En 2024, ces pénuries ont un peu reculé, autour de 400 dans l'année, ce qui reste un chiffre astronomique lorsqu'on est malade et qu'on ne trouve pas un produit indispensable à sa santé.

Alors, quelle est la cause de ces pénuries ?

Malheureusement, comme le plus souvent, il y a plusieurs causes et elles sont parfois concomittantes.

Pendant longtemps, les industriels ont expliqué que la France ne payait pas les produits pharmaceutiques assez chers et que, de ce fait, en cas de tension sur les approvisionnements, ils choisissaient de livrer les pays qui attribuaient un prix plus élevé à leur produit. Ce discours était également tenu par les industriels français, ce qui me semblait assez peu patriotique[2]. Si cet argument du prix a pu être légitime pour certains médicaments génériques très peu chers, comme l'amoxicilline, ce n'est généralement pas la cause principale pour la plupart des produits, notamment les plus récents, même si avancer cet argument permet aux industriels d'engager un bras de fer avec les autorités de santé, lors de la négociation annuelle sur le prix des médicaments. D'ailleurs, pour ces raisons qui ont l'air d'en avoir convaincu certains au ministère de l'Industrie, ces mêmes autorités ont pas mal lâché de lest depuis quelques années, notamment depuis mon départ[3], expliquant en partie que les dépenses des médicaments soient reparties à la hausse depuis trois ans.

Une autre cause plus triviale est liée à la forte hausse de la demande mondiale. Nous sommes passés de 4 à 9 milliards d'habitants et 3 milliards de personnes sont sorties de l'extrême pauvreté en deux générations (en Afrique et en Asie). Cette population mondiale en expansion consomme dorénavant des soins tout comme nous autres Occidentaux. Or, loin d'aboutir à une augmentation et à une diversification des sites de production des médicaments les plus fréquemment utilisés, les lieux de production des principes actifs se sont concentrés essentiellement en Inde et en Chine au cours de cette même période, du fait de la mondialisation. Ce n'est pas tant lié au coût de la main-d'œuvre qu'aux normes de pollution de l'air en Europe, qui ont abouti à délocaliser nos usines chimiques, et donc notre pollution dans ces deux pays, moins regardants pour leur population. Ainsi, au moindre incident, incendie, contamination, fermeture d'usine, les chaînes de production se voient durablement impactées, les pénuries s'installent et ne peuvent être compensées facilement. En effet, selon les raisons de l'arrêt de la production et donc de sa durée, les stocks ne suffisent pas toujours à répondre à la demande, sans compter que, dès qu'une pénurie se profile, certains intermédiaires, officines ou même patients parviennent à faire des stocks, ce qui aggrave le phénomène.

Enfin, les médicaments les plus anciens, dont les brevets sont tombés dans le domaine public et qui sont produits sous forme de génériques, ne sont pas très attractifs à produire en raison de leur prix de vente très bas. Le modèle de fixation des prix des médicaments favorise ce phénomène, j'y reviendrai. Souvent l'industrie pharmaceutique se débarrasse de ces lieux de production qui rapportent peu, pour se concentrer sur les produits les plus récents à forte valeur ajoutée. Le dernier exemple en date a été la cession du génériqueur bien connu Biogaran à un fonds d'investissement anglais par les laboratoires Servier, posant la question récurrente de la souveraineté industrielle française dans le champ des produits de santé.

Alors, quel modèle d'industrie pharmaceutique permettrait d'éviter les pénuries anxiogènes ?

Pour commencer, il faut savoir ce qui est indispensable à notre santé et nécessite une politique de souveraineté. Tous les médicaments n'ont pas le même intérêt pour la santé de la population, et certains n'en ont même pratiquement aucun. L'OMS a établi une liste des médicaments vitaux à usage des pays en développement, afin que leurs ressources ne soient pas mobilisées par des produits peu utiles ; nous pourrions faire de même en prenant en compte les pratiques françaises et en travaillant avec les sociétés savantes. L'Agence nationale de sécurité du médicament et des produits de santé (ANSM) s'attelle aujourd'hui à surveiller les chaînes d'approvisionnement de ces médicaments vitaux.

Ensuite, il convient d'être honnête : nous ne pourrons pas tout produire sur notre sol et dépendrons toujours de l'industrie chimique polluante. Si cette industrie doit être relocalisée, les normes environnementales rendront forcément les produits plus chers.

Enfin, aucun pays de la taille de la France ne peut imaginer être souverain sur la totalité des produits indispensables, d'autant que la liste est très évolutive d'année en année, au vu de l'accélération des progrès médicaux et de l'innovation thérapeutique. Il est donc urgent de mettre en place une politique européenne de souveraineté sur ce secteur, comme cela a été possible au moment du Covid-19 sur un certain nombre de produits vitaux.

Avons-nous encore les moyens de l'innovation ?

Pourquoi les médicaments coûtent-ils parfois si cher à l'Assurance maladie ? La raison en est simple, elle est d'ordre mécanique et il devient nécessaire de revoir le système.

La détermination du prix pour un nouveau médicament suit une mécanique imparable, que j'appelle « l'échelle de perroquet »[4].

Si le produit montre un intérêt thérapeutique et un avantage pour les malades par rapport à l'existant, le prix fixé de cette innovation lors de la négociation avec les pouvoirs publics sera en effet plus élevé que celui du produit précédent[5]. C'est la règle.

Cette règle a été pensée il y a des décennies, à une époque où l'on disposait de peu de médicaments et où l'on souhaitait favoriser la recherche et le développement dans le secteur pharmaceutique.

Ainsi, pour être approuvé et remboursé, un médicament va devoir suivre différentes étapes : d'abord, sa sécurité d'emploi est évaluée par l'Agence européenne des médicaments (AEM), puis son bénéfice relatif (par rapport aux traitements déjà existants) est estimé par la Haute Autorité de santé. À chacune de ces étapes, les évaluateurs sont des experts médicaux, sans lien d'intérêt avec l'industriel qui dépose le dossier (un déontologue dans chaque agence y veille et les déclarations publiques d'intérêt sont étroitement scrutées avant de laisser un expert siéger). Les associations de malades sont dorénavant systématiquement consultées en parallèle, pour prendre en compte les attentes des principaux concernés.

Petite digression : il est amusant de voir à quel point, dans l'opinion publique, cette inquiétude sur de potentiels conflits d'intérêts des experts persiste alors que, depuis le scandale du Mediator, la France a l'une des législations les plus sévères au monde sur ce sujet. Par exemple, une fausse déclaration d'un expert l'expose aujourd'hui potentiellement à une amende allant de 30 000 à 500 000 euros et jusqu'à cinq ans de prison ! *A priori*, les agences travaillent plutôt bien puisqu'elles ne peuvent prendre aucun risque réputationnel à ce propos.

Revenons-en à la fixation du prix. Chaque produit innovant coûtera donc plus cher que le médicament précédent s'il est plus efficace que ce dernier, par principe. Tant que nous avions peu d'innovation, ce système était vertueux. Mais depuis quelques années, certains secteurs comme l'oncologie ont fait des progrès faramineux, et des innovations nous parviennent tous les jours, permettant ainsi de gagner chaque année 2 % de survie pour l'ensemble des cancers.

Cette échelle de perroquet aboutit cependant à ce que les prix des nouveaux produits commencent à être totalement déconnectés du bénéfice réel qu'ils apportent. Ainsi, un médicament anticancéreux qui faisait, par exemple, gagner six mois de survie médiane, pour un cancer du poumon dans les années 2005, coûtait autour de 3 000 euros par mois. Aujourd'hui, un nouveau produit pourrait coûter près de 10 000 euros par mois, pour le même bénéfice. Même pour des médicaments dont le bénéfice est assez faible (amélioration du service médical rendu ASMR IV), les prix ont augmenté de 55 % en 7 ans[6]. De surcroît, le prix est en général sans commune mesure avec celui de fabrication, ce qui peut paraître choquant, mais les prix des médicaments qui aboutissent à une commercialisation doivent prendre en compte les échecs de développement d'autres produits (essais cliniques montrant une toxicité ou une absence d'efficacité) et le rachat de start-up ou biotech dont les créateurs sont généralement à l'origine des découvertes. Cela étant dit, on n'a pas encore vu d'industriels de la pharmaceutique faire faillite, ce qui veut dire que ces coûts sont bien absorbés par les prix.

Cette échelle de perroquet a des effets très pervers dont personne ne parle, outre le fait de peser sur le budget de la Sécurité sociale (même si les dépenses de médicaments ne peuvent en France dépasser un certain plafond, au risque de devoir rembourser l'Assurance maladie du fait de la clause de sauvegarde).

En effet, certaines pathologies où les innovations ont été nombreuses ces dernières années sont devenues très attractives pour l'industrie pharmaceutique, car tout nouveau médicament bénéficiera d'un prix très élevé. À l'inverse, d'autres pathologies pour lesquelles les médicaments sont anciens et souvent génériqués font l'objet de très peu de recherche et développement, car les prix des produits existants sont faibles. Un nouveau produit ne pourra donc pas revendiquer un prix très élevé, comme c'est le cas en cancérologie.

Ceci aboutit à d'incroyables inégalités dans les orientations des dépenses publiques d'une maladie à l'autre et risque de poser, à terme, un problème pour le consentement aux prélèvements. Je suis surprise que les associations de malades ne se soient jamais saisies de ce sujet, car ce que nous consentons à dépenser pour certains médicaments très chers soignant certaines pathologies sont autant de dépenses que nous n'allouons pas pour d'autres soins non médicamenteux, comme l'accompagnement cognitif de patients atteints d'Alzheimer. À défaut de pouvoir prioriser les dépenses pour une maladie plutôt que pour une autre, il convient de revenir sur cette règle et de remettre à plat la fixation des prix. Sinon, d'ici quelques années, nous pourrions être amenés à dépenser 100 000 euros par mois pour six mois de vie gagnés…

Le coût des innovations devient donc exorbitant pour des raisons mécaniques plus que pour des raisons liées au prix de fabrication ou aux dépenses de recherche et développement. Cet état de fait n'est pas inéluctable. Là encore, comme pour les enjeux de souveraineté, seule une politique européenne coordonnée permettra de changer les règles que l'ensemble des pays subit.

10

De crise en crise ?

Le ministère de la Santé navigue de crise en crise, au gré des épidémies (grippe, bronchiolite, Covid-19), des accidents climatiques (canicule) ou des accidents tout court (Lubrizol, déraillements de train…), des ruptures de stock de médicaments, des scandales sanitaires liés à des pratiques malhonnêtes (Mediator ou prothèses mammaires PIP) ou à des contaminations alimentaires régulières (salmonelloses dans le lait Lactalis, E. Coli dans les pizzas Buitoni, fromages contaminés à la Listeria, etc.) ou, enfin, des attentats qui secouent notre pays depuis des années. Dans ces cas précis, il s'agit bien de crises, c'est-à-dire à chaque fois d'un phénomène aigu, d'ampleur et de durée incertaines, que l'on souhaite maîtriser pour revenir à l'état antérieur. Certaines sont perçues comme des scandales sanitaires mais n'en sont pas toujours ; d'autres passent relativement inaperçues, car touchant des publics très ciblés. J'ai, par exemple, en mémoire l'incendie du CHU de la

Guadeloupe à l'automne 2017, qui avait abouti à sa fermeture, nécessitant le transfert de centaines de patients pendant des semaines dans des structures d'accueil parfois non médicales, comme des EHPAD. Heureusement personne n'était décédé, mais la chirurgienne ORL qui présidait la commission médicale d'établissement (CME) à l'époque avait vu sa salle d'opération envahie par la fumée en pleine intervention, ce qui l'avait obligée, elle et son équipe, à descendre le patient à l'abri, en le portant dans les escaliers ! La reconfiguration d'une telle offre de soins (plusieurs centaines de lits) dans une île, par définition non extensible, nous avait mobilisés considérablement, tout comme le secteur privé qui avait grandement participé à accueillir des équipes de l'hôpital. Un tel événement, qui aurait pu être l'un des titres du journal télévisé, avait à peine été relayé en métropole.

Ainsi, le ministère est organisé pour se préparer et gérer les crises, en lien avec les ARS sur le terrain. Il dispose pour cela d'une équipe dédiée qui, à la suite de la pandémie de Covid-19, est passée dans son fonctionnement quotidien de 40 à 70 personnes. Tout comme le ministère de l'Intérieur ou des Affaires étrangères, le ministère a un centre de crise capable de fonctionner 24 heures sur 24, 7 jours sur 7 et gère des alertes venant des ARS, des établissements de santé, des autres ministères français ou européens, de l'OMS, etc.

Ce centre de crise, qui dispose de quatre niveaux d'activation selon la gravité de la crise, est mis en tension plusieurs fois par mois pour les niveaux les moins sévères, correspondant à des alertes locales, comme une toxi-infection alimentaire en EHPAD, et une fois tous les trois ou quatre ans pour le stade le plus inquiétant, correspondant notamment aux épidémies d'Ebola (aucun cas répertorié hors d'Afrique) ou à la pandémie de Covid-19 (entre 10 et 20 millions de morts dans le monde[1]).

Beaucoup a été dit sur la gestion de la crise du Covid-19 par le ministère de la Santé et, au lieu de revenir spécifiquement sur ce sujet, mon intention est plutôt de voir si vivre protégé des crises est un objectif atteignable ou s'il ne serait pas plus utile de s'y former collectivement.

Peut-on éviter les crises ?

Comme l'évoque la célèbre formule « La vie est une maladie mortelle sexuellement transmissible », les crises sont consubstantielles à la vie.

Le rôle du ministère est d'en réduire la fréquence, l'amplitude et la gravité, si elles concernent un tant soit peu la santé. C'est un sujet de préoccupation majeure pour les administrations comme pour les ministres responsables, contrairement à ce que certains ont envie de croire. La structuration du ministère pour s'y préparer date du début des années 2000, à la suite des attentats contre l'administration américaine au bacille du charbon glissé dans des enveloppes, pointant le risque NRBC[2], puis après l'épisode de la grippe aviaire de 2005. Dès lors, le ministère a constitué des stocks stratégiques, évoluant au gré des risques perçus (masques contre la grippe aviaire, antidotes au gaz sarin en cas d'attentat chimique, antibiotiques contre les risques bactériologiques, vaccins contre la variole, etc.). Pour gérer ces stocks multiples et fluctuants dans le temps, l'État a créé une agence dédiée, l'EPRUS[3] (qui a ensuite été malheureusement intégrée à Santé publique France en 2014 et a bien manqué en 2020), il a établi une doctrine de gestion des stocks pour hiérarchiser les achats chaque année, réalisé des exercices de crise tous les mois sur le territoire national, avec des scénarios variés. J'avais même fait voter, dans la loi santé de 2019, un plan dédié aux pandémies avec un agent pathogène inconnu, qui devait être décliné en fonction de l'acquisition des connaissances.

En effet, une crise prend toujours une forme inattendue par rapport à la préparation, sinon ce n'en serait pas une. Les militaires traduisent cela par un adage bien connu : « La première victime de la guerre, c'est le plan. » Ainsi, penser qu'une crise survient parce que l'on ne s'est pas préparé résulte d'une incompréhension manifeste de ce qu'est une crise. Ce qui compte, lorsqu'elle survient, est donc la capacité que l'on a à s'adapter.

Mais, ce qui est assez particulier à notre pays est le fait que chaque crise s'accompagne d'une polémique médiatique ou politique, voire de commissions d'enquête parlementaires ou de plaintes pénales : nous adorons cela. Ces moments de cristallisation négatifs induisent généralement un corpus de décisions en réaction, si bien qu'on se prépare systématiquement et parfaitement à la crise précédente avec l'idée qu'on pourrait établir une sorte de ligne Maginot qui nous protégerait mieux la prochaine fois. Le cas d'école est bien entendu la polémique contre Roselyne Bachelot, qui aurait trop dépensé d'argent public lors de la grippe H5N1 en 2008, en achetant trop de matériel et de vaccins (l'hypothèse de gabegie), et l'ensemble des réactions qui ont donc suivi cet épisode. Ainsi, que ce soit en 2011 comme en 2014, différentes décisions ministérielles ont abouti au choix parfaitement assumé de ne plus avoir de stock de masques à partir de 2015 pour les soignants (masques FFP2) au sein de l'État, mais de demander aux hôpitaux ou aux professionnels de santé de constituer leur propre stock[4]. De la même façon, depuis le Covid-19 et le traumatisme mondial de la pénurie de masques (dont on oublie de dire qu'ils étaient fabriqués à Wuhan[5]), toute l'attention du ministère porte sur les masques, ce qui nous protège certainement un peu en cas de survenue d'un autre coronavirus respiratoire, mais probablement moins bien, si la prochaine crise est liée à un virus de type Ebola qui nécessitera des gants. De ce fait, je ne suis pas certaine que nous ayons beaucoup appris des crises précédentes. Notamment parce que 80 % de la production mondiale de gants vient de Thaïlande, pays qui pourrait décider de les vendre au plus offrant, voire de les garder comme l'a fait la Chine pour les masques, en son temps…

Le pire vient des crises auxquelles personne n'a jamais pensé, d'où l'absence complète, dans ce cas, de scénario de préparation. On peut citer dans ce cadre la canicule de 2003, le ministre Jean-François Mattéi en ayant fait les frais, faute de réaliser ce qui se passait et la gravité de l'épisode. À sa décharge, à l'époque, personne n'ayant été formé en médecine aux risques spécifiques liés à la canicule (événement rare au XXe siècle, qui le devient de moins en moins), les médecins ont mis un certain temps, dans leur cabinet comme aux urgences, à comprendre le lien entre certains symptômes et la chaleur importante, et à tirer la sonnette d'alarme. Désormais, les différents plans canicules élaborés depuis vingt ans permettent de mieux prévenir et prendre en charge la population.

On peut également citer l'exemple du virus du SIDA, le VIH, apparu au début des années 1980 et pour lequel d'éminents scientifiques de l'époque martelaient qu'on pouvait être séropositif sans développer la maladie. L'avenir aura malheureusement démontré le contraire. J'ai aussi le souvenir de la crise de la vache folle dans les années 1990, vaches qui transmettaient au cerveau humain un prion responsable de démence rapide, avec une incertitude complète sur le niveau de risque si l'on buvait du lait ou si l'on consommait de la viande. Les chiffres les plus extrêmes sur le nombre de morts potentiels ont circulé à l'époque, rendant bien difficiles les prises de décision des pouvoirs publics. La chance a voulu que le nombre de personnes contaminées ait été très faible, le contraire aurait été un drame absolu.

Si le ministère se prépare à de nombreuses crises, il survient ainsi, régulièrement, des scénarios inattendus et nul ne peut prétendre être préparé à tout. Même pour le coronavirus, pandémie liée à un virus respiratoire pour laquelle l'ensemble des pays du monde se préparait en raison d'un risque de survenue considéré comme élevé, l'histoire nous a démontré que les préparations sont rarement suffisantes pour éviter les crises. Il est informatif à cet égard de savoir que, dans le classement international de la préparation à une pandémie respiratoire réalisé par l'université John-Hopkins en 2018, la France figurait dans les cinq pays les mieux préparés, et les États-Unis en numéro un... La préparation peut donc être facilement déjouée par un scénario qui n'est pas exactement celui travaillé en amont. De même, pour un accident de type Lubrizol (incendie d'une usine chimique à Rouen), si l'on se prépare à des accidents sur des sites Seveso, chaque site a ses particularités et va nécessiter un plan de réaction spécifique.

Nous allons probablement dans les années qui viennent connaître d'autres grandes crises sanitaires. Les pires étant celles qui se manifestent avec un temps de retard par rapport au moment de l'exposition. Les microplastiques semblent aujourd'hui être incriminés comme à risque pour la santé humaine. Qu'allons-nous découvrir ? Qu'aurions-nous pu faire il y a cinq, dix ou vingt ans ?

Le plus emblématique des sujets est celui des pesticides et de l'agriculture. Les connaissances s'étoffent de jour en jour sur les risques pour la santé humaine, mais, en miroir, les fantasmes s'étoffent aussi, rendant toute discussion scientifique illusoire et, entre les deux, les pouvoirs publics se doivent de prendre nombre de décisions en situation d'incertitude. Devrions-nous supprimer tous les produits chimiques de nos assiettes ? Possiblement, en tout cas au maximum, mais avec le risque de voir réapparaître un certain nombre de maladies mortelles liées à l'alimentation qui avaient disparu au siècle dernier, comme le botulisme, ou de s'exposer à terme à une perte de souveraineté alimentaire, si les rendements de l'agriculture française diminuent trop.

Gérer des crises comme les prévenir nécessite de comprendre qu'il n'y a pas de solution miracle, mais des arbitrages permanents entre différents niveaux de danger.

Alors, allons-nous vivre sans crise ou au contraire devrions-nous nous former à la gestion des risques ? De plus en plus de pays, considérant que nous entrons dans un monde de multirisques, ont plutôt tendance à former leur population à un grand nombre de risques. Le Secrétariat général de la défense et de la sécurité nationale (SGDSN), service de l'État placé auprès du Premier ministre, a remis à jour un guide de préparation aux risques à destination des Français, mais à chaque fois qu'un gouvernement cherche à le diffuser, il est taxé de pessimiste ou d'inutilement anxiogène pour la population.

Ainsi, les risques font partie de notre quotidien et de nouvelles crises ne manqueront pas de survenir dans le champ de la santé, quelle que soit la préparation mise en œuvre, et il conviendra d'y faire face. Nous aurons gagné en maturité quand nous aurons compris que l'État ne peut pas nous protéger de tout.

De quoi nous protège le principe de précaution ?

L'adoption du principe de précaution dans la Constitution[6] a été source d'une interprétation erronée, loin de l'objectif initial. Le principe de précaution, qui initialement s'adressait exclusivement au champ de l'environnement, et qui s'est subrepticement étendu en quelques années à celui de la santé[7], avait été conçu comme un principe d'action. Il convient aussi de rappeler que ce principe ne concerne que la mise en œuvre de politiques publiques par les pouvoirs publics, et pas les actions individuelles.

Ce principe sous-entendait que, face à une incertitude scientifique, les pouvoirs publics devaient se donner les moyens de réduire le degré de l'incertitude par l'acquisition de connaissances. La seule obligation inhérente au principe de précaution était de mobiliser la communauté scientifique afin de mettre en œuvre des actions de recherche pour réduire le niveau d'incertitude. Or ce principe, qui est en fait un principe de mouvement vers plus de connaissance, se voit souvent résumé à un devoir d'immobilisme, certains le suspectant même d'être devenu un frein national à l'innovation[8].

Outre le fait qu'il soit mal nommé, donnant l'image d'une position statique alors que, au contraire, il oblige à l'action, il est aussi critiqué pour son caractère flou, non normatif, qui se traduit par une difficulté de mise en œuvre opérationnelle. Cela s'est encore confirmé avec la loi Duplomb sur l'usage d'un pesticide controversé.

Aujourd'hui, le principe de précaution connaît trois dérives majeures.

La première réside dans le fait qu'il est interprété par nos concitoyens comme l'obligation pour les pouvoirs publics de tendre vers un risque zéro. Outre que cet objectif est évidemment difficile à atteindre, on oublie généralement que réduire un risque d'un côté expose à un autre danger de l'autre. Il a donc renforcé l'aversion au risque dans la population et donné l'impression qu'un gouvernement peut et doit protéger les citoyens de tout danger. Or, malheureusement, des choix, des décisions, des arbitrages s'imposent souvent alors qu'on manque encore de connaissances robustes sur un sujet. Si l'on appliquait le principe de précaution tel qu'interprété dorénavant par l'opinion publique, il se traduirait par une sorte de moratoire permanent en attendant d'en savoir plus…

Cette aversion au risque est un sentiment assez répandu. Nous caressons l'utopie que l'État, des institutions, des organisations, des procédures peuvent nous mettre à l'abri des risques extérieurs, ce qui met sans arrêt l'État en situation de faillite face aux dangers du monde (inondations, incendies, effets secondaires d'un médicament, contamination alimentaire, etc.), mais ne signifie pas qu'il ne se prépare pas à ces dangers récurrents.

La deuxième dérive est qu'il expose tous les décideurs publics à un risque judiciaire dès qu'un danger, autrefois incertain ou même totalement inconnu, devient avéré. En effet, lorsque les connaissances progressent, il ne s'agit plus de mettre en œuvre le principe de « précaution » qui s'adresse à des situations d'incertitude, mais à instaurer des mesures de « prévention » d'un risque avéré, ce qui est différent. Mais qui détermine du moment de bascule où la connaissance remplace l'inconnu ? Qui est apte à en juger ?

C'est, par exemple, ce qui pourrait se passer avec les microplastiques ou les pesticides. L'acquisition de connaissances est toujours un long processus et on ne peut juger de la qualité de la connaissance, du fait qu'elle est admise par tous et qu'elle résiste au temps, après quelques années de recherche et de confrontation de résultats d'études. C'est donc progressivement et seulement *a posteriori* qu'elle devient certitude. Un décideur peut donc en permanence être pris en défaut d'avoir mis en œuvre des mesures de prévention trop tard par rapport à une connaissance qui s'avérerait finalement acquise à un moment donné. Le processus dynamique de formation d'un consensus scientifique sur un risque donné ne s'accommode pas facilement de la temporalité de la décision. On ne peut compacter ce temps.

Enfin, troisième dérive, le principe de précaution est parfois brandi de façon rétroactive. C'est ce qui peut être reproché aux pouvoirs publics face à une certitude à un moment donné, qui se révèle fausse avec le temps. À titre d'exemple, on peut citer la théorie stipulant qu'il fallait faire dormir les bébés sur le ventre pour éviter la mort subite du nourrisson, alors qu'il est aujourd'hui démontré qu'il faut impérativement les placer sur le dos… Ce principe est ainsi consubstantiel au sens de la marche du temps. Et, pour le mettre en œuvre, encore faut-il que les pouvoirs publics soient conscients qu'il existe un risque. Revenons-en aux microplastiques qui, semble-t-il, envahissent notre cerveau. À partir de quand pourrons-nous dire que nous n'avons pas mis en place assez tôt le principe de précaution ? Faut-il interdire aujourd'hui tout le plastique alimentaire ? Et si les écrans ou les réseaux sociaux s'avèrent dangereux pour la santé mentale de nos enfants, à partir de quelle date l'État aura-t-il failli dans la mise en œuvre du principe de précaution ? Ce type de situation se produit sans arrêt avec les médicaments. Je me souviens d'une journaliste me harcelant, car un androgène utilisé pour lutter contre l'hirsutisme chez les femmes s'est révélé responsable de l'apparition de méningiomes au bout de quelques années (plus de dix ans d'utilisation). Elle m'expliquait que c'était un scandale sanitaire et je lui répondais que, pour que ce soit un scandale, il eût fallu que les pouvoirs publics le sachent au début de la mise sur le marché du produit… Ce risque de découvrir des effets secondaires graves et tardifs existe avec tous les nouveaux médicaments, c'est pour cela qu'ils sont très suivis par les pouvoirs publics, afin de détecter des alertes et de prévenir les consommateurs.

Le principe de précaution ne peut être rétroactif. Pour le mettre en œuvre, les pouvoirs publics doivent réaliser en temps réel qu'ils sont en situation d'incertitude inconnue – autrement dit, qu'ils ne savent pas ne pas savoir. Ce principe ne peut donc être opposé rétroactivement lorsqu'il s'agit d'une méconnaissance totale d'un risque, voire d'une erreur scientifique avérée[9].

Faute de réflexion approfondie sur ce sujet, il est vraisemblable que nombre de ministres se retrouvent à l'avenir mis en cause pour des décisions qu'ils n'auraient pas prises à temps. Nous ne pourrons échapper à tous les dangers pour notre santé, mais nous devons avoir des débats éclairés sur ces sujets qui touchent à notre santé. Améliorer la culture scientifique de la population, mettre en place des débats citoyens, impliquer plus systématiquement des scientifiques dans les débats publics éviterait peut-être une vision trop polémique de la gestion des risques.

Conclusion

Est-il encore possible d'avoir un débat sur le système de santé de demain, sans créer une polémique ? Peut-on assumer de parler d'un service public de la santé, car c'est ce qu'attendent les Français ? Ce sont les questions que je me suis posées en écrivant ce livre.

De mes études de médecine au ministère de la Santé, en passant par l'hôpital public et les agences sanitaires que j'ai dirigées, je me suis forgé une conviction : le système de santé français est notre bien commun. Largement financé par la Sécurité sociale, il doit rendre le service attendu par les usagers, en gardant comme principe fondamental celui qui animait le Conseil national de la Résistance en son temps : protéger tous les citoyens des risques de la vie.

Force est de constater que cette promesse est de plus en plus difficile à tenir, que les inégalités se sont creusées, que l'insatisfaction est réelle, que l'incompréhension face au système prévaut, que les critiques sur son fonctionnement n'ont jamais été aussi violentes.

Ainsi, invitée dans les médias pour parler du système de santé, je suis régulièrement confrontée à des échanges tendus sur des faits divers aux urgences ou des lourdeurs bureaucratiques, des crises sanitaires, le coût des complémentaires ou les pénuries de médicaments. Généralement, la question des journalistes commence par : « Vous trouvez cela normal que… ? » Non, rien n'est normal, bien entendu. Mais passer du constat à l'action nécessite d'éviter l'écueil de solutions trop simplistes et de prendre ses distances avec nombre d'idées reçues qui circulent aujourd'hui.

Car notre santé nous appartient, mais nous n'en sommes pas les seuls responsables. Se maintenir en bonne santé et accéder à des soins de qualité repose sur un système complexe qui s'est construit et a évolué au gré de choix politiques depuis la période de l'après-guerre, et au sein duquel interagissent de nombreux acteurs : les professionnels qui nous accompagnent dans nos parcours de santé bien sûr, mais aussi du ministère et de ses agences, des élus locaux et des parlementaires, et des industriels, soumis eux-mêmes à la conjoncture internationale, tout cela sous la responsabilité d'un gouvernement. Le système évolue ainsi au gré de décisions administratives, d'orientations budgétaires, de lobbying et de demandes corporatistes, de textes de loi de plus en plus nombreux ou de décisions politiques qui jouent un rôle d'amortisseur ou, au contraire, d'accélérateur de la transformation, en fonction de leur pertinence. Certains facteurs sont même difficiles à maîtriser pour l'État, comme ce qui se rapporte à l'innovation dans la santé ou aux médicaments, et touchent à l'indépendance stratégique qu'un pays comme la France est en mesure de revendiquer.

Notre système de santé ressemble donc à un grand paquebot, long à manœuvrer et parfois en retard d'un iceberg, comme on l'aura vu concernant le nombre de médecins ou le retard pris pour la prévention. Tout le monde s'accorde à dire qu'il ne convient plus, sans pour autant réussir à mettre en œuvre des solutions efficaces qui apporteraient un meilleur service rendu. Il est aussi l'objet de fantasmes qui participent à la cacophonie des solutions qui émergent de toutes parts, parfois très idéologiques. Mais, concédons qu'il est avant tout une source formidable d'espoir pour tous ceux qui, un jour, expérimentent l'angoisse d'être malades. De ce fait, il ne peut décevoir, car, derrière cette organisation, ce sont des vies qui sont en jeu.

Depuis 1945, des adaptations progressives des organisations et de la Sécurité sociale ont permis au système de santé de tenir à peu près la promesse de prendre soin de la population. Mais, faute d'avoir remis en cause les fondements de son fonctionnement, l'hôpital, la Sécurité sociale et la médecine tanguent de plus en plus. Les soignants et les citoyens en subissent les conséquences tous les jours… Pour autant, faudrait-il renoncer à notre modèle solidaire et égalitaire ? Certainement pas. Il convient seulement de prendre sérieusement en compte les nouvelles réalités du XXIe siècle et de se doter enfin des outils permettant sa transformation.

Ainsi, les transitions démographiques, sociétales, environnementales et technologiques majeures que nous sommes en train de vivre ont un impact de plus en plus perceptible sur notre capacité à préserver notre santé, à être bien soignés et à vieillir en autonomie. Il ne sert à rien de lutter contre l'air du temps, mieux vaut anticiper les changements. L'adéquation du système de santé de demain à nos besoins, à nos moyens et à nos valeurs dépendra des décisions que nous devons prendre dès à présent.

En effet, ce système tient grâce à un budget que nous décidons de lui dédier et, s'il n'est pas équilibré, c'est une dette insurmontable que nous léguerons aux générations suivantes. Or, le financement repose majoritairement sur la solidarité nationale *via* l'Assurance maladie, et ne paraît plus en mesure de répondre à l'augmentation des besoins, notamment ceux d'une population vieillissante et de plus en plus sujette à des maladies chroniques. Pire, son maintien dans la durée n'est absolument plus assuré, sauf à faire de la santé notre priorité absolue sur toutes les autres politiques publiques et à trouver, en regard, de nouvelles sources de financement.

L'aggravation des comptes de la Sécurité sociale ces dernières années, et notamment ceux de l'Assurance maladie, démontre que nos dépenses de santé ne peuvent durablement croître au rythme actuel. Pour sortir de cette impasse, il conviendrait que la croissance française reparte à la hausse pour longtemps, ce qui n'est pas gagné. De surcroît, nous partons d'un socle de dépenses de santé déjà élevé par rapport à la majorité des pays développés et notre marge de manœuvre est donc faible, quelles que soient les ressources supplémentaires que nous pourrions y allouer. Enfin, les résultats obtenus en matière de santé publique ne sont plus au rendez-vous, qu'il s'agisse de l'accès aux soins, des inégalités de santé ou de l'augmentation des maladies chroniques. Ces mauvais résultats ont une incidence avérée sur notre capacité à vivre longtemps en bonne santé et en toute autonomie, alors que nous allons faire face, en moins de vingt ans, à un véritable bouleversement démographique, avec le vieillissement massif de la population.

Seule une transformation en profondeur des organisations pourra rendre le système de santé plus efficient. Trois leviers principaux ont vocation à être activés dès aujourd'hui, dont la portée vise respectivement le court, le moyen et le long terme.

Le premier concerne la réorganisation de la médecine de ville et hospitalière, en faveur d'exercices plus collectifs, d'une meilleure coordination des parcours de soins des malades chroniques, de meilleures coopérations entre la ville et l'hôpital, et d'une évolution des compétences des professions de santé pour répondre à ces nouvelles organisations. Nos hôpitaux sont un premier enjeu de transformation. Il est urgent de reprendre la conversion des petits hôpitaux ayant peu d'activité en hôpitaux de proximité recentrés sur la médecine générale et gériatrique, tel que la loi de 2019 le prévoyait. Cette évolution permettra de les renforcer autour d'activités de proximité, dont les populations ont cruellement besoin. En parallèle, il nous faut réallouer les moyens sur des plateaux techniques plus performants dans des hôpitaux de recours, pour des raisons de qualité des soins et de sécurité pour les patients. Dans le secteur libéral de la ville – autre enjeu de la transformation –, le regroupement de différents professionnels de santé devrait devenir le mode d'exercice privilégié afin de garantir aux patients complexes, âgés et chroniques, des parcours de soins de meilleure qualité. De surcroît, ces nouvelles organisations permettront de mieux répondre à des missions indispensables de santé publique, de suivi à domicile des malades chroniques ou de permanence des soins. Une réforme des modes de financement et des rémunérations favorisant des coopérations plus étroites entre les secteurs de la ville et de l'hôpital, notamment au niveau local, et entre professionnels eux-mêmes devra être mise en œuvre afin de surmonter les écueils actuels liés à des fonctionnements en silo des différents acteurs. Ces orientations sur lesquelles chacun s'accorde depuis des années peinent à être traduites sur le terrain, faute d'incitations adaptées.

Le deuxième levier repose sur l'amélioration de la pertinence des parcours de soins et des actes. Il s'agit d'un défi tant la tâche est complexe, mais d'une absolue nécessité tant le gain à en attendre est important. La numérisation accélérée du système de santé, l'IA, les applications d'accompagnement des pathologies devraient permettre dans un avenir proche d'aider les professionnels à mieux prendre en compte les recommandations de bonnes pratiques, ce qui, outre les économies engendrées, améliorera également la qualité des suivis et la sécurité des patients. La formation continue des médecins ne parvient pas actuellement à jouer ce rôle. Ainsi, aujourd'hui, les caisses d'assurance maladie n'ont comme seul outil que de sanctionner les prescriptions déviantes ou considérées comme non pertinentes, alors que le système serait nettement plus efficace s'il encourageait à l'amélioration des pratiques professionnelles, comme c'est le cas dans d'autres pays.

Le troisième pilier repose sur une orientation massive de nos efforts dans les trois niveaux de prévention. Deux types de prévention dépendent étroitement des organisations mises en place par le système de santé : d'une part, la prévention secondaire, dont l'objectif est de dépister et de détecter précocement les maladies et, d'autre part, la prévention tertiaire, qui vise à éviter les complications ou les décompensations des maladies chroniques, et les récidives des cancers. On ne peut que constater l'hétérogénéité des participations aux dépistages sur le terrain et les mauvais résultats français en matière de suivi des malades chroniques, faute d'indicateurs pertinents pour évaluer l'implication des différents professionnels dans le champ de la prévention, et faute d'organisations pluriprofessionnelles assurant des actions de santé publique. Là encore, une modification des modes de rémunération pourrait s'avérer un outil puissant de changement.

Mais il est urgent de prendre résolument le tournant de la prévention primaire et de la promotion de la santé dans toutes les politiques publiques, afin de parvenir à toucher les grands déterminants de notre santé telles l'alimentation ou la sédentarité. Ce tournant passe par une mobilisation de nombreux acteurs de la société : les entreprises, l'école, les collectivités territoriales, les ministères. Seule une politique interministérielle volontariste de prévention primaire et de promotion de la santé aura un effet, certes à moyen et long terme, sur l'incidence des maladies chroniques et le risque de perte d'autonomie précoce qui guette une partie de la population. Faire de la promotion de la santé la grande cause nationale du futur quinquennat permettrait de sensibiliser toute la société sur le « bien vieillir », avant qu'il ne soit trop tard pour au moins deux générations.

Si nous n'avons pas réussi jusqu'à présent à atteindre ces objectifs, c'est que nous n'avons pas les bons leviers de transformation. Alors que de nombreuses réformes ces dernières années, y compris législatives, ont cherché à développer de nouvelles organisations territoriales, à élargir les compétences de certaines professions de santé, à favoriser des exercices collectifs, à développer des parcours coordonnés, à mettre en œuvre des mesures de prévention, elles ont échoué pour l'instant à se traduire en une réalité perceptible sur le terrain. De nombreuses expérimentations[1] ont même montré l'utilité de ces pratiques dans la prise en charge des patients, mais peinent à être déployées au niveau national.

La réforme du système de santé doit passer par une évolution notable de la façon dont nous allouons l'argent public au système, de façon qu'il parvienne de nouveau à être en phase avec les attentes des citoyens et les besoins de santé publique. Il doit notamment rendre les bonnes pratiques plus attractives et doit également veiller à une allocation des ressources qui serve le bien commun. Le premier défi sera donc de rééquilibrer ce que nous dépensons en prestations individuelles (consultations, actes, transports, indemnités journalières) et ce que nous acceptons d'investir dans ce qui sert la collectivité, notamment nos hôpitaux. Le secteur hospitalier ne doit pas être la variable d'ajustement des dépenses. Ce rééquilibrage permettrait d'investir plus dans ce secteur qui perd aujourd'hui en attractivité. Il devra néanmoins s'accompagner de la restructuration volontariste des hôpitaux sur le territoire. Ensuite, il conviendra de modifier et de diversifier les modes de rémunération des professionnels de santé libéraux sur différents objectifs (santé publique, permanence des soins, capitation, temps de travail ou tout autre objectif qu'il conviendra de négocier) ; de valoriser les exercices collectifs en centres ou en maisons de santé pluriprofessionnels ; de financer forfaitairement les parcours de soins coordonnés ; de décliner la part respective de ces objectifs en fonction des besoins des territoires. Cette approche, visant à assurer l'effectivité d'un « service public » de la santé que les citoyens sont en droit d'attendre, nécessite une refonte des conventions qui lient les professionnels, les fédérations et l'Assurance maladie, désormais datées.

En parallèle, une réflexion doit avoir lieu sur la répartition des rôles entre l'Assurance maladie obligatoire (AMO) et les complémentaires, sans toutefois tomber dans les travers de certains modèles tout public ou tout privé. Le secteur mutualiste est aujourd'hui très contraint dans ce qu'il se doit de rembourser et cherche un nouveau souffle. Il serait souhaitable qu'il puisse retrouver de la souplesse dans les prestations qu'il offre et cesse également de financer des pratiques superflues et non éprouvées, au détriment du système de santé.

Enfin, le prix des médicaments et des produits de santé innovants suit une courbe de croissance qui n'est pas soutenable pour des systèmes de santé comme le nôtre, système égalitaire et très bien couvert par la collectivité pour les maladies les plus graves. Il est difficile pour un pays isolé d'imposer de nouvelles règles. Seule une politique européenne du médicament nous permettra de gagner en souveraineté et en capacité d'action sur un système de fixation des prix qui, là encore, date d'une période révolue.

Nos concitoyens pensent que le système de santé est un service public de plus qui aurait failli. Or, il convient de rappeler qu'il n'en est pas un. Et que d'évoquer un « service public de la santé » fait aujourd'hui débat.

La cohérence de l'ensemble se heurte à de nombreux défis techniques, budgétaires et politiques. Ce système, fondé sur la médecine libérale indépendante d'un côté et les hôpitaux publics plus contraints de l'autre, financés au sein d'une même enveloppe, a vécu. Au vu des défis qui sont les nôtres, tous les acteurs doivent dorénavant s'accorder sur la transformation indispensable du système que les Français attendent. Un « service public » de la santé, dans le sens du service que les citoyens sont en droit de recevoir lorsque le financement est grandement public, ne signifie en rien la fin d'un exercice libéral ou du secteur privé, car cette diversité est utile (et le système anglais n'est pas enviable), mais implique un cahier des charges partagé. Ce pilotage global du système, aujourd'hui assuré par l'Assurance maladie, avec les difficultés de faire coopérer les acteurs et la dérive financière que l'on connaît, ne peut rester purement technique. Il ne peut échapper au débat démocratique. Il doit s'appuyer sur des choix politiques clairs et assumés sur les objectifs de santé publique, d'organisation et de budget que le pays veut se fixer.

Un tel choix politique exige un débat parlementaire : jusqu'où devons-nous réguler le secteur de la santé, et notamment libéral, pour qu'il s'inscrive pleinement dans le système de santé dont nous avons besoin ? Quel cahier des charges voulons-nous, en matière d'accès et de qualité des soins, ou de dépense publique ?

Il est possible d'agir. Nous le devons à nos enfants et à nous-mêmes. Nos choix économiques, organisationnels, scientifiques, politiques nous permettront soit de construire un système pérenne pour les générations ultérieures, soit de poursuivre la trajectoire actuelle – celle d'une offre inadaptée aux besoins –, avec le risque de prolonger pour longtemps ce sentiment d'insatisfaction qui touche autant les citoyens que les professionnels de santé.

Une telle transformation nécessite désormais une direction clairement énoncée, une stratégie assumée et, *in fine*, des choix politiques courageux.

Notes

1
L'hôpital, un bien commun

1. Les raisons identifiées à ces passages inutiles aux urgences étaient principalement la difficulté d'accès aux soins dans le secteur libéral, le fait que les examens aux urgences ne sont pas payants, même si chaque passage est facturé 19 euros, et le stress des personnels en EHPAD face à une personne âgée qui chute ou dont l'état se dégrade, ce qui justifie une téléconsultation préalable.

2. Même si cela nécessite encore des travaux approfondis, il semble que la surmortalité observée en France soit multifactorielle, due notamment à l'extrême précarité dans certains territoires. Elle touche principalement l'Île-de-France (Saint-Denis) et les territoires ultramarins.

3. Une étude française d'Iris Ganser et de ses collègues, « Estimating the population effectiveness of interventions against COVID-19 in France: a modelling study », publiée dans la revue *Epidemics*, en février 2024, rapporte qu'un confinement une semaine plus tôt, lors de la première

vague de 2020, aurait réduit considérablement le nombre de malades (ce qui aurait évité la nécessité de créer de nouveaux lits de réanimation) et le nombre de décès de deux tiers.

4. Voir le rapport de la DREES sur les statistiques concernant les établissements de santé (base administrative de la SAE) pour l'année 2024.

5. C'est ainsi que, en tant que ministre, je me suis rendu compte que les services d'urgences avaient intérêt à ce que les malades soient toujours sur un brancard à minuit, pour pouvoir comptabiliser une journée de séjour… J'ai bien entendu modifié cette règle absurde et choquante.

6. Ces centres de santé s'appellent « communautaires », le mot *community* en anglais signifiant « qui dessert un bassin local de population ». Formant un réseau piloté par le ministère de la Santé, ils sont évalués et financés sur des indicateurs de santé publique (suivi des malades chroniques, prévention des addictions, suivi des addictions, prévention maternelle et fœtale, etc.).

2
Quand la santé s'adapte

1. « Choisis » figure entre guillemets, car ces risques sont étroitement liés à des facteurs sociaux ou culturels qui peuvent échapper au libre choix individuel.

2. Trois millions de personnes vivent aujourd'hui avec un diagnostic de cancer en traitement ou guéri.

3
Un système de santé sans médecins ?

1. 237 000 exactement sont en activité, selon les données de la DREES du ministère de la Santé, soit 1,6 % d'augmentation par rapport à l'année précédente.

2. Pour la première fois, ce chiffre repart à la hausse (+ 1 %).

3. Cela semble ralentir en 2024, probablement en raison des difficultés d'accès aux soins.

4. Ce sont les Coréens du Sud qui battent tous les records, avec seize consultations par an.

5. Il est vrai qu'en cas d'infections urinaires récidivantes, il convient de faire des analyses plus poussées, raison pour laquelle les médecins étaient inquiets du transfert de compétence. Mais les procédures mises en place prévoyaient bien que les malades soient adressées à leur médecin si c'était le cas, les pharmaciens devant suivre un protocole strict.

6. « En exercice » signifiant exerçant une activité médicale sur le terrain, contrairement au nombre total de médecins, cité plus haut, qui prend en compte tous ceux inscrits à l'ordre des médecins, dont ceux exerçant dans d'autres secteurs d'activité, comme l'industrie pharmaceutique, ou à la retraite.

7. 25 % en voient plus de 2 000, et 25 % moins de 1 200.

8. L'âge moyen de l'installation est aujourd'hui de 35 ans. En 2022, quelque 2 360 généralistes se sont installés (primo-installations), un chiffre en hausse de plus de 70 % par rapport à 2012, mais qui ne suffit pas à compenser les départs à la retraite.

4
Un changement de monde

1. La dernière mode en date concerne l'Acupan, antalgique majeur contre les douleurs cancéreuses ou post-chirurgicales, susceptible d'entraîner une addiction, des hallucinations et des phases de confusion, mais qui permettrait de maigrir en réduisant l'appétit, grâce à ses effets secondaires que sont les nausées et les vomissements !

5
Se donner les moyens d'agir ?

1. Un rapport de la Cour des comptes de 2014 sur l'exercice libéral rappelait cette nécessité.

2. C'est vrai de toutes les professions médicales sans actes techniques associés, autrement dit les généralistes, les pédiatres, les gériatres ou les psychiatres, notamment en comparaison avec leurs revenus moyens dans les autres pays européens.

3. Aujourd'hui, cette participation n'est pas obligatoire. Après dix ans de stagnation, une revalorisation du prix des gardes est prévue fin 2025 et devrait atteindre 422 euros contre 229 euros auparavant pour une nuit complète, un dimanche ou un jour férié.

6
Faut-il dépenser plus pour notre santé ?

1. Selon les sources, ces chiffres peuvent varier légèrement, mais cela ne change rien aux grandes masses, aux classements et au raisonnement.

2. La Cour des comptes dans son rapport de 2025 évoque le chiffre de 8,5 % du PIB, contre 8,2 % en 2019, ce qui ne modifie pas le raisonnement général sur la croissance des dépenses.

3. Le PIB reflète la création de richesses marchandes d'un pays. Le terme *dépenses de santé* est en réalité réducteur, car il s'agit là à la fois de la part de la richesse de la nation allouée au secteur de la santé mais également de la création de richesse participant au PIB par l'ensemble des personnes qui travaillent dans le secteur, s'agissant de services non exportables.

4. Les arrêts maladie semblent augmenter de façon anormale cette année pour les personnes qui n'ont pas de maladie chronique (sans ALD), alors qu'il n'y a pas eu d'épidémie particulière qui pourrait l'expliquer.

5. La Cour des comptes évoque un besoin d'économies autour de 20 milliards à l'horizon 2029, si l'on souhaite financer des mesures nouvelles, tout en contenant le niveau de dépenses au regard du PIB.

6. Voir à ce sujet les annonces de la ministre Catherine Vautrin, dans l'édition du *Monde* datée du 26 juillet 2025.

7. Rapport de la CNAM. À l'inverse des autres postes de dépenses, les actes de biologie sont en diminution de – 8 %.

8. En juin 2025, la commission des comptes de la Sécurité sociale a dévoilé un déficit prévisionnel de 21,9 milliards, dont 16 milliards pour la branche maladie. La Cour des comptes estime que, cumulée, la dette sociale risque de doubler entre 2024 et 2028 pour atteindre 70 milliards (hors charges d'intérêt de la dette), ce qui met en péril notre capacité à la rembourser. Et, de surcroît, cette dégradation financière ne prend pas en compte la dette des établissements de santé, qui sont des établissements autonomes, dont le déficit devrait atteindre 3 milliards en 2025.

9. Ce que j'appelle « le rabot » correspond à une régulation prix/volume. Lorsque les dépenses d'un secteur se retrouvent au-delà des projections, en raison d'un nombre d'actes en augmentation, on réduit les tarifs de remboursement afin de rester dans l'enveloppe fixée au départ. Par exemple, lorsque les dépenses de biologie augmentent trop, on réduit le prix des actes de biologie remboursés. Le secteur du médicament est également soumis à ce type de régulation, *via* la « clause de sauvegarde ».

10. La Cour des comptes évaluait en 2022 que les tarifs en radiothérapie étaient supérieurs de 75 % au coût réel des actes.

11. Les tarifs de ces spécialités ont été justifiés à une époque par le coût d'investissement dans les machines. Mais, aujourd'hui, ces chiffres rendent compte des rémunérations, pas du chiffre d'affaires. Certaines spécialités atteignent des rémunérations de 35 000 euros par mois, selon un rapport de la Cour des comptes daté de 2022, soit quatre à cinq fois les rémunérations dans le secteur public.

12. Ces situations de rente ont été l'objet de différents rapports de l'administration (IGAS/IGF) permettant d'affiner la situation en fonction des spécialités.

13. Obamacare est en réalité sous-traité à des assureurs privés, mais dans le cadre d'un contrat très vertueux pour les populations les plus pauvres.

14. Les contrats responsables lient les complémentaires à l'Assurance maladie sur un certain nombre de remboursements, ce qui permet de sécuriser les assurés et, en retour, elles bénéficient de remises de taxes.

15. À la fin des années 2000, les choix politiques visaient plutôt à rapprocher les tarifs du secteur privé et du secteur public, avec l'idée que l'hôpital devait ainsi pouvoir gagner en efficience.

16. On appelle « case-mix » le nombre de pathologies prises en charge dans un établissement donné. De façon assez schématique, plus il est important, moins les structures sont rentables.

7
Rester autonome… à quel prix ?

1. *Nature Aging*, 19 décembre 2024.

2. En période de canicule, les mairies recensent les personnes isolées pour leur apporter de l'assistance.

9
Les médicaments et leurs dérives

1. La vente en ligne est actuellement possible lorsque le site est tenu par des officines ou un regroupement d'officines d'un territoire donné.

2. On se souvient de l'entreprise française Sanofi, qui, en 2020, lors de la course aux vaccins contre le Covid-19, avait communiqué sur le fait que les États-Unis seraient livrés en premier pour cette raison, déclenchant alors un tollé. Pour finalement ne pas être en mesure d'avoir un vaccin efficace…

3. Dans mes différentes fonctions, à l'Institut national du cancer, à la HAS ou comme ministre, j'ai eu à cœur de défendre le budget de l'Assurance maladie, ce qui m'a permis de bien identifier les stratégies commerciales de l'industrie pharmaceutique visant à faire fixer des prix élevés aux autorités (ce qui sera développé dans la suite du chapitre).

4. J'ai volontairement exclu de ce chapitre le prix des médicaments pour les maladies orphelines, qui obéissent à d'autres mécanismes et sont administrés à très peu de malades. Ce chapitre ne traite donc que des médicaments courants.

5. La négociation des prix se fait au sein d'une instance appelée CEPS, pour Comité économique des produits de santé, où siègent différentes administrations avec les industriels.

6. Rapport « Charges et produits pour 2026 » publié par la CNAM.

10
De crise en crise ?

1. Le centre de crise du ministère a été sept fois au niveau 4 depuis sa création, il y a une vingtaine d'années (pour le SRAS, le MERS, H1N1, H5N1, Ebola et le Covid-19).

2. Ou nucléaire, radiologique, biologique et chimique.

3. Ou Établissement de préparation et de réponse aux urgences sanitaires.

4. Certains hôpitaux avaient constitué des stocks, d'autres pas. Et certains hôpitaux ne savaient pas où ils étaient… De la même façon, certains professionnels de santé étaient très bien équipés, tels les dentistes, alors que d'autres, n'en portant jamais, n'avaient aucun équipement de protection.

5. L'histoire de la pénurie de masques est une illustration du manque de souveraineté sur certains produits. Ainsi, la doctrine depuis la grippe H5N1 de 2008-2009 était qu'on ne faisait plus de stocks importants, juste de quoi tenir quelques semaines en attendant des livraisons. Le Covid-19 a mis en lumière la dépendance mondiale et le fait que la matière première servant à fabriquer les masques et les blouses bleues était produite dans la région de Wuhan, confinée à partir du 23 janvier 2020.

6. Article 5 de la Charte de l'environnement.

7. Par jurisprudence du Conseil d'État. Arrêt du 10 décembre 2001 relatif à l'affaire du sang contaminé.

8. Rapport de la commission Attali de 2010 pour la libération de la croissance française.

9. Comme cela a été le cas pour les masques lors de la pandémie de Covid-19, lorsque, au tout début, les scientifiques

et l'OMS expliquaient que le virus se transmettait par des gouttelettes et qu'il fallait nettoyer les surfaces et se laver les mains au gel hydroalcoolique.

Conclusion

1. L'article 51 de la loi de financement de la Sécurité sociale en 2018 a permis des expérimentations dérogatoires. En six ans, plus de 200 ont été mises en œuvre par les professionnels et accompagnées par les ARS, démontrant l'intérêt de ces nouvelles organisations et des nouveaux modèles de financement des acteurs de terrain pour changer les pratiques et améliorer les résultats.

Ressources bibliographiques

Cet ouvrage s'est essentiellement appuyé sur les données accessibles en sources ouvertes et régulièrement mises à jour sur les sites de :

- la DREES (Direction de la recherche, des études, de l'évaluation et des statistiques),
- l'OCDE (Organisation de coopération et de développement économiques),
- Eurostat (Office statistique de l'Union européenne),
- et de l'INSEE (Institut national de la statistique et des études économiques).

Outre les rapports thématiques produits par ces organismes, la réflexion s'est également nourrie de rapports publiés par l'IRDES (Institut de recherche et de documentation en économie de la santé), l'IGAS (Inspection générale des affaires sociales), le HCAAM (Haut conseil pour l'avenir de l'assurance maladie), la Cour des comptes, le Conseil national de l'ordre des médecins, les Académies de médecine et de pharmacie, et par différents think tanks, notamment le

CRAPS (Cercle de recherche et d'analyse sur la protection sociale).

Il a également tenu compte des divers textes de loi organisant le système de santé depuis le début des années 2004, notamment la loi d'organisation et de transformation du système de santé (LOTSS de juillet 2019) et le plan qui l'a nourri, Ma Santé 2022.

Pour ceux qui souhaitent en savoir plus, ci-dessous la liste non exhaustive de ressources bibliographiques :

Les affections de longue durée (ALD)

- « Revue de dépenses relative aux affections de longue durée (ALD) : pour un dispositif plus efficient et équitable », rapport de l'IGAS, 17 juillet 2025.

La démographie médicale

- « Démographie des professionnels de santé au 1er janvier 2023 », DREES.
- « Atlas de la démographie médicale en France au 1er janvier 2025 », Conseil national de l'ordre des médecins.
- « Les pénuries en médecins spécialistes », rapport de l'Académie de médecine, 2 juillet 2025.

Les déserts médicaux

- « Renforcer l'accès territorial aux soins », ministère de la Santé, 13 octobre 2017.
- « L'organisation territoriale des soins de premier recours », rapport de la Cour des comptes, 13 mai 2024.

Le secteur hospitalier

- « Les établissements de santé en 2022 », panoramas de la DREES, 18 juillet 2024.

- « Les établissements de santé publics et privés, entre concurrence et complémentarité », rapport de la Cour des comptes, 12 octobre 2023.
- « Hôpital, sortir des urgences » rapport de la commission d'enquête du Sénat, 2022.

Les urgences

- « Pacte de refondation des urgences », ministère de la Santé, 9 septembre 2019.
- « Mission flash sur les urgences et soins non programmés », ministère de la Santé, juin 2022.
- « Études et résultats », DREES, mars 2025.
- « L'accueil et le traitement des urgences à l'hôpital », rapport au Parlement, Cour des comptes, novembre 2024.

La T2A et les financements des hôpitaux

- « La tarification à l'activité », rapport de la Cour des comptes, 30 juin 2023.
- « Soins hospitaliers : T2A et autres modes de financement », Fiche thématique, Vie publique, 11 janvier 2024.
- « Financer la qualité des soins dans les établissements de santé : un levier pour redonner du sens aux soignants », rapport de l'IGAS, 4 juillet 2024.

Le cadre conventionnel entre les professionnels et la CNAM

- « Historique des conventions médicales », synthèse documentaire, IRDES, décembre 2024.

La financiarisation du système de santé

- « Causes et effets de la financiarisation du système de santé », rapport IGAS/IGF, 9 juillet 2025.
- « Financiarisation de l'offre de soins : une OPA sur la santé ? », rapport sénatorial, 25 septembre 2024.

- « Trends in the financialisation of outpatient care across OECD countries », rapport de l'OCDE, 21 mai 2025.

Les expérimentations dérogatoires (article 51 de la LFSS 2018)

- « Rapport au Parlement et atlas des expérimentations », ministère de la Santé, 10 juillet 2025.

Les pénuries de médicaments

- « Pénurie de médicaments : trouver d'urgence le bon remède », rapport d'information du Sénat, 4 juillet 2023.
- « Tensions et ruptures de stock de médicaments déclarées par les industriels : quelle ampleur, quelles conséquences sur les ventes aux officines », Études et résultats, DREES et ANSM, 27 mars 2025.
- « Mission stratégique visant à réduire les pénuries de médicaments essentiels », rapport du ministère de la Santé, 18 juin 2020.

La prévention

- « La prise en compte des preuves scientifiques dans les actions de prévention et de promotion santé », rapport de l'IGAS, 14 novembre 2024.

Comparaisons internationales

- « Panorama de la Santé 2023 », OCDE.
- « Rapport mondial de suivi de la couverture sanitaire universelle 2023 », rapport de l'OMS, 18 septembre 2023.

Le financement de la santé par l'Assurance maladie

- « Charges et produits pour 2026 », rapport de la CNAM, 24 juin 2025.

Ressources bibliographiques

- « L'Objectif national de dépenses d'assurance maladie (ONDAM) », rapport de la Cour des comptes, 14 avril 2025.
- « Régulation du système de santé », rapport du HCAAM, 27 mai 2021.

Table

CET OUVRAGE
A ÉTÉ ACHEVÉ D'IMPRIMER
SUR ROTO-PAGE
PAR L'IMPRIMERIE FLOCH
À MAYENNE EN OCTOBRE 2025

N° d'impression : 107852
N° d'édition : P32429/01
Imprimé en France